Klaus Balzer

Arbeitszeugnisse selbst formulieren

Zum Thema Beruf und Bewerbung sind im FALKEN Verlag zahlreiche Titel erschienen:
Die überzeugende Bewerbung (Nr. 2608)
Das telefonische Job-Interview (Nr. 2569)
Das Vorstellungsgespräch (Nr. 2684)
Erfolgreich bewerben im Internet (Nr. 2855)
Der FALKEN Bewerber-Knigge (Nr. 2084)
Karriereplanung für Geisteswissenschaftler (Nr. 2743)
Karriereplanung für Frauen (Nr. 2741)

Sie sind überall dort erhältlich, wo es Bücher gibt.

Sie finden uns im Internet: www.falken.de

Dieses Buch wurde auf chlorfrei gebleichtem
und säurefreiem Papier gedruckt.

Der Text dieses Buches entspricht den Regeln der
neuen deutschen Rechtschreibung.

ISBN 3 8068 5525 0

© 2002 by FALKEN Verlag in der Verlagsgruppe FALKEN/Mosaik,
einem Unternehmen der Verlagsgruppe Random House GmbH, 81673 München.
Die Verwertung der Texte und Bilder, auch auszugsweise, ist ohne Zustimmung des
Verlags urheberrechtswidrig und strafbar. Dies gilt auch für Vervielfältigungen, Übersetzungen, Mikroverfilmung und für die Verarbeitung mit elektronischen Systemen.

Umschlaggestaltung: WSP-Design, Heidelberg
Redaktion: Dr. Rainer Lorenz, Kassel
Herstellung: Sandra Krumpholz

Die Ratschläge in diesem Buch sind von Autor und Verlag sorgfältig erwogen und geprüft,
dennoch kann eine Garantie nicht übernommen werden. Eine Haftung des Autors bzw.
des Verlags und seiner Beauftragten für Personen-, Sach- und Vermögensschäden ist ausgeschlossen.

Satz: Filmsatz Schröter, München
Druck: GGP Media, Pößneck

817 2635 4453 6271

Inhalt

Einleitung	9
Warum sind Arbeitszeugnisse wichtig?	11
Rechtliche Grundlagen	11
Wer stellt das Zeugnis aus?	13
In welchem zeitlichen Rahmen sollten Sie Ihr Zeugnis erhalten?	14
Warum Zeugnisse sonst noch wichtig sind	15
Die verschiedenen Zeugnisarten	17
Inhalt von einfachen und qualifizierten Zeugnissen	17
Die Arbeitsbescheinigung	19
Das einfache Zwischenzeugnis	19
Das qualifizierte Zwischenzeugnis	20
Das einfache Endzeugnis	21
Das qualifizierte Endzeugnis	22
Das Zeugnis nach der Probezeit	22
Der Aufbau Ihres Zeugnisses	24
Einfaches Zeugnis – formale Kriterien	25
Qualifiziertes Zeugnis – formale Kriterien	26
Tätigkeitsbeschreibung	26
Leistungsbewertung	27
Verhaltensbewertung	28
Gesamtbewertung	29
Gründe für Ihr Ausscheiden	29

INHALT

Abschlussformulierung 31
Ausstellungsort, Datum und Unterschrift 31

Das qualifizierte Zeugnis 32

Formulierungsbeispiele für die Leistungsbewertung 34
**Formulierungsbeispiele für Arbeitsbereitschaft
und Arbeitsbefähigung** 36
Verhaltensbewertung 37
Abschlussformulierungen 39
Was auf keinen Fall in Ihrem Zeugnis enthalten sein darf .. 41
   Einige Formulierungen, die nicht in Ihrem Zeugnis
   stehen sollten 43

Der Umgang mit den eigenen Stärken und Schwächen 45

Umgang mit Kritik 49
   Fehler eins: Sie machen keine Fehler 50
   Fehler zwei: Sie tun so, als wenn Sie alles wüssten . 50
   Fehler drei: Je weniger Sie von sich zeigen, desto besser ... 50
   Fehler vier: Ihr Leben wird von den Verhältnissen beherrscht,
   Sie haben Ihr Leben nicht selbst in der Hand 51
   Fehler fünf: Sie wünschten, Sie wären jemand anders ... 51
   Fehler sechs: Wenn andere sich über Sie aufregen,
   fühlen Sie sich schuldig 51
   Fehler sieben: Sie machen es anderen Menschen recht,
   um zu gefallen 51
   Fehler acht: Sie zeigen den anderen, dass Ihre Ansichten
   besser sind 52
   Fehler neun: Sie riskieren nichts und gehen immer
   auf Nummer sicher 52
   Fehler zehn: Sie sind völlig unabhängig und selbstständig ... 52

Fehler elf: Sie gehen Problemen aus dem Weg,
weil sie sich von selbst lösen 52
Fehler zwölf: Sie wollen immer perfekt und vollkommen sein ... 53
Fehler dreizehn: Sie schließen von Kleinigkeiten
auf den ganzen Menschen 53
Fehler vierzehn: Sie glauben, einige Menschen seien besser
als andere 53
Fehler fünfzehn: Sie denken im Schema „entweder – oder" 54
Fehler sechzehn: Nur mit Leistung führen Sie
ein erfülltes Leben 54
Fehler siebzehn: Die Ansichten anderer sind wichtiger
als Ihre eigenen 54

Die Darstellung Ihrer Pluspunkte 56
Welcher Job-Typ sind Sie? 58

Die geschickte Verpackung Ihrer Schwachpunkte 61
Checkliste zur Selbsteinschätzung 63

Geheimcodes im Zeugnis 66
Leistungsbewertung 68
    Sehr gute Leistungen 68
    Gute Leistungen 68
    Befriedigende Leistungen 69
    Ausreichende Leistungen 69
    Mangelhafte Leistungen 69
    Ungenügende Leistungen 70
Führungsbeurteilung 70
    Sehr gute Führung 70

Gute Führung ... 71
Befriedigende Führung ... 71
Ausreichende Führung ... 71
Mangelhafte und ungenügende Führung ... 71
Negative Aussagen mit spezieller Bedeutung ... 72

Berufstypische Beurteilungsformulierungen ... 75

Angelernte Kraft ... 75
Ausbilder ... 75
Außendienstmitarbeiter ... 76
Auszubildender ... 76
Buchhalter ... 76
Einkäufer ... 76
Empfangschef ... 76
Fabrikarbeiter ... 76
Fernfahrer ... 77
Fertigungsingenieur ... 77
Führungskraft ... 77
Grafiker ... 77
Handwerker ... 77
Ingenieur, praktischer ... 77
Kassierer ... 78
Kaufmann, technischer ... 78
Kolonnenführer ... 78
Konstrukteur ... 78
Korrespondent ... 78
Meister ... 78
Organisations-Sachbearbeiter ... 79
Personalchef ... 79
Sekretärin (verschiedene Verantwortungsstufen) ... 79
Soldat ... 79

Stenosekretärin ... 79
Verkäufer ... 80
Vorarbeiter ... 80
Werkmeister ... 80
Wirtschaftsingenieur ... 80
Zeichner, technischer ... 80

Zeugnisbeispiele ... 81

Zwischenzeugnisse ... 81
Ein sehr gutes Zwischenzeugnis ... 81
Ein gutes Zwischenzeugnis ... 84
Ein schlechtes Zwischenzeugnis ... 86

Qualifizierte Endzeugnisse ... 88
Ein sehr gutes Endzeugnis ... 88
Ein gutes bis befriedigendes Endzeugnis ... 90
Ein ausreichendes Endzeugnis ... 91
Ein schlechtes Endzeugnis ... 92

Zeugnisbeispiele für gewerbliche Berufe ... 93
Gewerbliche Berufe – Beispiel 1 ... 93
Gewerbliche Berufe – Beispiel 2 ... 94
Gewerbliche Berufe – Beispiel 3 ... 95
Gewerbliche Berufe – Beispiel 4 ... 96
Gewerbliche Berufe – Beispiel 5 ... 97
Gewerbliche Berufe – Beispiel 6 ... 98
Gewerbliche Berufe – Beispiel 7 ... 99

Zeugnisbeispiele für kaufmännische Berufe ... 100
Kaufmännische Berufe – Beispiel 1 ... 100
Kaufmännische Berufe – Beispiel 2 ... 102
Kaufmännische Berufe – Beispiel 3 ... 103
Kaufmännische Berufe – Beispiel 4 ... 104
Kaufmännische Berufe – Beispiel 5 ... 105

Kaufmännische Berufe – Beispiel 6 107
Kaufmännische Berufe – Beispiel 7 109
Kaufmännische Berufe – Beispiel 8 110
Kaufmännische Berufe – Beispiel 9 111
Kaufmännische Berufe – Beispiel 10 112
Zeugnisbeispiele für sonstige Berufe 113
Sonstige Berufe – Beispiel 1 113
Sonstige Berufe – Beispiel 2 116
Sonstige Berufe – Beispiel 3 118

Register 119

Einleitung

Zeugnis – allein dieser Begriff lässt die meisten unter uns schaudern. Erinnerungen an die Schule werden wach, an Bauchschmerzen, wenn wir mit einer Fünf in Mathematik oder gar einer Sechs in Englisch nach Hause kamen. Die Zeugnisse waren schuld, wenn wir eine Klasse wiederholen mussten, sie entschieden über Erfolg oder Nichterfolg in der Schule. Erst später wird uns die Notwendigkeit von Leistungsbeurteilungen einsichtig. Wir verstehen, warum Noten unentbehrlich sind, wenn unsere Leistungen bewertet werden sollen.

Zeugnisse begleiten unser Leben über weite Strecken. Vor allem für das berufliche Fortkommen haben sie eine herausragende Bedeutung. Nach einem Praktikum, nach der Probezeit, während der ersten Dienstjahre, vor einer anstehenden Beförderung, beim Ausscheiden aus dem Betrieb – vom Inhalt und Wortlaut eines Zeugnisses hängt es ab, ob jemand in eine Festanstellung übernommen wird, ob seine berufliche Leistung für eine höher qualifizierte Stellung im Betrieb ausreicht, ob ein neuer Arbeitgeber positiv auf die Bewerbung reagiert.

Meist werden Arbeitnehmer heute von ihren Vorgesetzten aufgefordert: „Schreiben Sie mal Ihr Zeugnis selbst und geben Sie es mir." Dann tritt uns der Angstschweiß auf die Stirn. Welche Formulierungen benutze ich, um keine Missverständnisse aufkommen zu lassen? Was darf ich in mein Zeugnis hineinschreiben, was sollte besser keine Erwähnung finden? Welche formalen Kriterien muss ich berücksichtigen? Ich selbst muss meine Qualifikation einschätzen, kein anderer nimmt mir die Verantwortung für die Beurteilung meiner Leistung ab.

Dieses Buch hilft Ihnen bei der Formulierung Ihres Zeugnisses. Es sagt Ihnen, was Sie unbedingt hineinschreiben müssen und was Sie besser nicht erwähnen. Sie finden die „geheimen Codes" der Zeugnissprache und – als Grundlage Ihrer Selbsteinschätzung – Anregungen dazu, wie Sie in Ihrem beruflichen Leben mit Ihren Stärken und Schwächen umgehen können. Überwinden Sie Ihre Angst vor einer realistischen Selbsteinschätzung. Objektive Beurteilungen gibt es ohnehin nicht.

Bei der Formulierung Ihres eigenen Zeugnisses haben Sie die Chance, es nach Ihren Vorstellungen zu gestalten. Nutzen Sie diese Möglichkeit! Sie können und sollen Ihre Fähigkeiten durchaus positiv beurteilen. Bleiben Sie aber realistisch dabei. Sie werden sehen, dass Sie auch weniger positive Leistungen noch in einem günstigen Licht erscheinen lassen können. Unsere Formulierungsvorschläge helfen Ihnen dabei. Zahlreiche Beispielzeugnisse enthalten Textbausteine, die Sie in Ihr eigenes Zeugnis übernehmen können.

Warum sind Arbeitszeugnisse wichtig?

Rechtliche Grundlagen

Jeder Arbeitnehmer hat Anspruch auf ein Arbeitszeugnis. In Paragraph 630 des Bürgerlichen Gesetzbuches (BGB) heißt es: „Bei der Beendigung eines dauernden Dienstverhältnisses kann der Verpflichtete von dem anderen Teil ein schriftliches Zeugnis über das Dienstverhältnis und dessen Dauer fordern. Das Zeugnis ist auf Verlangen auf die Leistungen und die Führung im Dienste zu erstrecken."

Im Klartext: Wenn Sie ein Beschäftigungsverhältnis – aus welchen Gründen auch immer – beenden wollen, ist Ihr Arbeitgeber verpflichtet, Ihnen ein Zeugnis auszustellen – wenn Sie es wollen. Dabei muss dieses Zeugnis nicht nur die formalen Inhalte wie Ihre Position in der Firma und die Dauer der Beschäftigung wiedergeben. Sie können vom Arbeitgeber auch verlangen, dass er Ihnen ein Zeugnis über Ihre Leistungen, Qualifikationen und Ihre Arbeitsweise ausstellt. Auch andere gesetzliche Grundlagen wie das Handelsgesetzbuch (HGB), die Gewerbeordnung (GewO) und das Berufsbildungsgesetz (BbiG) sehen das Recht auf Arbeitszeugnisse vor. Der Arbeitgeber darf Ihnen also ein Zeugnis nicht verweigern. Dies gilt unabhängig von der Berufsgruppe. Ein Recht auf ein Zeugnis haben:
- gewerbliche Arbeitnehmer,
- technische und kaufmännische Angestellte,
- leitende Angestellte,
- Angestellte im öffentlichen Dienst,
- Beamte,

- Praktikanten und Volontäre,
- Schüler und Studierende in Nebenjobs,
- Arbeitnehmer in der Probezeit,
- Teilzeitbeschäftigte,
- Heimarbeiter.

Natürlich gibt es Ausnahmen. So können Organmitglieder, wie beispielsweise der Geschäftsführer einer GmbH und der Vorstand einer Aktiengesellschaft, kein solches Zeugnis bekommen – sie sind eben die Chefs. Auch Leiharbeiter haben kein Recht auf ein Zeugnis des „Entleihers", also der Firma, bei der es zum eigentlichen Arbeitseinsatz kommt. Allenfalls der „Verleiher", der als eigentlicher Arbeitgeber gilt, kann ein Zeugnis ausstellen. Doch dieser hat in der Regel keinen eigenen Einblick in die tatsächlich geleistete Arbeit.

Auch in Tarifverträgen ist das Recht auf Zeugnisse festgeschrieben. So regelt zum Beispiel für Mitarbeiter im öffentlichen Dienst der Bundesangestellten-Tarifvertrag (BAT) das Recht auf Zeugnisse. Beamte haben das Recht auf Dienstzeugnisse.

Die in dem Zeugnis enthaltenen Aussagen müssen der Wahrheit entsprechen, sie stellen eine Art „Quittung" für geleistete Arbeit dar. Darüber hinaus haben Zeugnisse für die Arbeitnehmer auch eine Schutzfunktion. Der Arbeitgeber darf einem Mitarbeiter beispielsweise in einem Kündigungsprozess nicht unterstellen, er hätte schlechte Arbeit geleistet, wenn das Zeugnis dem Arbeitnehmer zuvor „herausragende Leistungen" bescheinigt hat.

> **UNSER TIPP**
>
> Wenn Sie sich Ihr Zeugnis selbst schreiben, bleiben Sie bei der Wahrheit. Es kommt vor allem darauf an, wie Sie sie verpacken: Die positiven Seiten sollten Sie nicht übertreiben, die negativen immer so beschreiben, dass ihnen dennoch etwas Positives abzugewinnen ist.

Wer stellt das Zeugnis aus?

Offiziell stellt der Arbeitgeber das Zeugnis aus, auch wenn Sie es für Ihren Chef selbst geschrieben haben. Dabei ist in der Regel in kleineren Unternehmen der Inhaber, in größeren der Personalchef derjenige, der das Zeugnis unterschreibt. Gleichgestellte Kollegen oder untergeordnete Mitarbeiter aus der Personalabteilung dürfen ein Arbeitszeugnis nicht unterschreiben. Der Unterschreibende muss immer ranghöher sein als derjenige, dem das Zeugnis ausgestellt wird. Sie haben jedoch kein verbrieftes Recht darauf, dass der Chef persönlich unterschreibt.

Bei einem Wechsel des Arbeitgebers spielen im Zeugnis auch zunächst unwichtig erscheinende Dinge eine Rolle. Unterschreibt beispielsweise ein zwar höher gestellter Mitarbeiter der Firma, nicht aber der Geschäftsführer, Direktor oder Prokurist das Zeugnis, kann dies negativ auffallen. Denn je höher die unterschreibende Person in der Hierarchie der Firma steht, desto mehr Gewicht hat die Unterschrift und desto mehr Eindruck machen Sie mit einem guten Zeugnis.

Deshalb sollten Sie auf jeden Fall darauf achten, dass unter der Unterschrift auch der Titel und die Funktion der Person stehen, die Ihr Zeugnis unterschreibt.

UNSER TIPP

Achten Sie darauf, dass das Zeugnis nach Möglichkeit von dem Vorgesetzten unterschrieben wird, der in der Firmenhierarchie am ranghöchsten steht. Damit erzielen Sie immer einen guten Eindruck.

In welchem zeitlichen Rahmen sollten Sie Ihr Zeugnis erhalten?

Im Prinzip können Sie sich mit Ihrer Forderung nach einem Zeugnis 30 Jahre Zeit lassen, denn erst dann verjährt Ihr Anspruch. Dass Sie damit nicht so lange warten, liegt auf der Hand. Denn schließlich wird sich keiner mehr an Ihre Arbeit erinnern und die zuständigen Mitarbeiter haben längst gewechselt. Außerdem sollten Ihre Zeugnisse möglichst aktuell sein. Denn für Bewerbungen oder wenn es um den Aufstieg im Betrieb oder die Übernahme nach der Probezeit geht, benötigen Sie Papiere, die sich auf Ihre jüngste Tätigkeit beziehen.

> **UNSER TIPP**
>
> Lassen Sie sich mit dem Ausstellen des Zeugnisses keine Zeit. Je näher die Daten vom Ausstellen des Zeugnisses und Ihrem Ausscheiden aus einer Firma beieinander liegen, desto besser. Zu viel gerät in Vergessenheit, wenn Sie längere Zeit warten, bis Sie ein Zeugnis fordern.

Auch wenn Sie aufgrund längerer Kündigungsfristen noch in einem Unternehmen beschäftigt sind, können Sie direkt nach der Kündigung ein Zeugnis verlangen. Es empfiehlt sich sogar, in einem solchen Fall auf einem „Zwischenzeugnis" zu bestehen: Zum einen ist das Bewusstsein über die von Ihnen geleistete Arbeit frisch, zum anderen binden die im Zeugnis enthaltenen Formulierungen den Arbeitgeber, das qualifizierte Zeugnis ebenso zu formulieren. Eine Ausnahme gilt, wenn in der Zwischenzeit nachweislich gravierende Dinge vorgefallen sind, die es notwendig machen, sie in das Arbeitszeugnis aufzunehmen.

> **UNSER TIPP**
>
> Bestehen Sie auf einem Zwischenzeugnis. Es bindet den Arbeitgeber an den Inhalt; er kann Ihnen in der Regel kein schlechtes Endzeugnis ausstellen, wenn das Zwischenzeugnis gut war.

Warum Zeugnisse sonst noch wichtig sind

Potenzielle Arbeitgeber verlangen fast ausnahmslos schriftliche Bewerbungsunterlagen. Die darin enthaltenen Zeugnisse über Ihre bisher geleistete Arbeit sind in der Regel ausschlaggebend dafür, ob Sie überhaupt zu einem Bewerbungsgespräch eingeladen werden. Fehlende Zeugnisse machen stutzig: Könnte es sein, dass Sie gar kein Zeugnis verlangt haben, weil es ungünstige Beurteilungen enthalten würde? Sind Sie selbst zu nachlässig gewesen und haben sich nicht um ein Zeugnis gekümmert? Oder stimmen gar die in Ihrem Lebenslauf angegebenen Daten über Beschäftigungszeiten nicht mit der Realität überein?

Künftige Arbeitgeber reagieren auf solche Unstimmigkeiten sehr sensibel. Sie bringen sich selbst um wertvolle Chancen, wenn Sie kein aktuelles Zeugnis vorlegen können.

> **UNSER TIPP**
>
> Lassen Sie sich auf jeden Fall ein Zeugnis ausstellen – und sei es nur für Ihre Unterlagen. Sie wissen nie, wann Sie dieses Papier noch einmal benötigen werden.

Schließlich hilft Ihnen ein Zeugnis dabei, Ihren eigenen „Marktwert" einzuschätzen. Sie können daraus ersehen, welche Stärken Sie besitzen und welche Schwachstellen in Ihrer Arbeit Sie beheben müssen. Auch wenn Sie sich Ihr Zeugnis selbst schreiben und es Ihrem Chef vorlegen, sollten Sie realistisch bleiben. Unglaubwürdige Einschätzungen über angeblich vorhandene Qualitäten, aber auch die zu bescheidene Darstellung Ihrer Fähigkeiten wird Ihnen Ihr Chef nicht bescheinigen. Zeugnisse spiegeln immer Ihre tatsächlich geleistete Arbeit wider und sind für Dritte – also zum Beispiel künftige Arbeitgeber – und Sie selbst ein Gradmesser Ihrer Fähigkeiten.

WARUM SIND ARBEITSZEUGNISSE WICHTIG?

UNSER TIPP

Anhand Ihres Zeugnisses können Sie Ihren „Wert" in dem Unternehmen ablesen. Zeugnisse sind also nicht nur notwendig für künftige Bewerbungen, sondern auch für eine gesunde Selbsteinschätzung Ihrer Arbeit. Dies gilt vor allem dann, wenn Sie sich Ihr Zeugnis selbst ausstellen. Dabei sind Sie gezwungen, sich selbst gegenüber ehrlich zu bleiben.

Die verschiedenen Zeugnisarten

Grundsätzlich wird zwischen einfachen und qualifizierten Zeugnissen unterschieden. Während einfache Zeugnisse – neben der Bezeichnung des Arbeitgebers und des Arbeitnehmers – nur Angaben über die Dauer und Art Ihrer Beschäftigung enthalten, wird im qualifizierten Zeugnis auch auf Ihre Eignung, berufliche Entwicklung und die Leistungsbeurteilung eingegangen. Beim Ausscheiden aus einem Unternehmen sollten Sie immer ein qualifiziertes Zeugnis verlangen, da es Ihnen beim weiteren beruflichen Fortkommen wesentlich mehr hilft als ein einfaches Zeugnis.

Inhalt von einfachen und qualifizierten Zeugnissen

Es ist klar geregelt, was in einem Zeugnis enthalten sein muss. In einem einfachen wie in einem qualifizierten Zeugnis müssen zunächst die elementaren Informationen aufgeführt werden:
- Bezeichnung des ausstellenden Arbeitgebers,
- Überschrift,
- Bezeichnung des Arbeitnehmers,
- Dauer des Beschäftigungsverhältnisses,
- Art der geleisteten Tätigkeit.

Bei einem einfachen Zeugnis wird sich die Darstellung dieser Inhalte auf wenige Sätze beschränken, da keine Bewertungen vorgenommen werden. Anders sieht es bei qualifizierten Zeugnissen aus.

Bei einem qualifizierten Zeugnis muss die Tätigkeitsbeschreibung vollständig und so genau sein, dass sich ein Dritter (zum Beispiel ein neuer Arbeitgeber) ein genaues Bild von der bisherigen Gesamttätigkeit des Arbeitnehmers machen kann. Dabei müssen besonders eigenverantwortlich ausgeübte Tätigkeiten hervorgehoben werden, also alle Tätigkeiten, die nicht generell auf Richtigkeit durch andere kontrolliert werden. Ebenfalls muss erwähnt werden, wenn dem Zeugnisempfänger Arbeitnehmer unterstellt sind. Auch Versetzungen, Beförderungen oder Ähnliches werden in der Tätigkeitsbeschreibung genannt.

Die Leistungsbewertung nimmt auf drei Elemente Bezug:
- die Befähigung,
- die Arbeitsweise,
- den Arbeitserfolg.

Die Leistungsbeurteilung bezieht sich auf alle vom Arbeitnehmer ausgeführten Tätigkeiten; setzt sich die Arbeit aus unterschiedlichen Teiltätigkeiten zusammen, müssen diese getrennt beurteilt werden.

Die Führungsbewertung betrifft die persönlichen Eigenschaften wie zum Beispiel Arbeitseifer, Verantwortungsbewusstsein, Entscheidungsbereitschaft und Verhalten gegenüber Kollegen. Diese Verhaltensweisen sind schwer messbar.

In der Gesamtbewertung werden die Leistungsbeurteilung und die Führungsbewertung zu einem Gesamtbild zusammengefasst. Von der Formulierung dieser Gesamtbewertung hängt sehr viel ab. In einem oder zwei Sätzen wird ein Bild des Zeugnisempfängers gezeichnet, das die Chancen bei einer Bewerbung wesentlich beeinflusst. Gerichtsurteilen zufolge muss dabei die Leistungsbewertung gegenüber der Führungsbewertung ein besonderes Gewicht erhalten.

Benannt werden sollten in dem Zeugnis ferner die Umstände des Ausscheidens. Fehlen diese Angaben, kann möglicherweise der Verdacht aufkommen, dass die Trennung nicht in gegenseitigem Einvernehmen erfolgt (siehe auch Seite 30 f.).

Das Zeugnis wird mit der Ortsangabe, dem Datum und der eigenhändigen Unterschrift des Arbeitgebers oder einer von ihm bevollmächtigten Person abgeschlossen. Vor- oder Rückdatierungen sind nicht zulässig.

Die Arbeitsbescheinigung

Die Arbeitsbescheinigung beschränkt sich in der Regel auf die notwendigsten Informationen. Hier ein Beispiel:

Hiermit bestätigen wir Thomas Müller, geboren am 3. März 1983, vom 3. Januar 2000 bis zum 25. Februar 2000 in der Konfektionsabteilung Herren unseres Kaufhauses ein Schulpraktikum absolviert zu haben. Datum, Unterschrift

Selbstverständlich werden Arbeitnehmer nicht damit zufrieden sein, wenn ein Zeugnis sich auf diese spärlichen Informationen beschränkt. Aber als Bescheinigung für eine Behörde, die nichts weiter als einen Nachweis über eine in einem bestimmten Zeitraum geleistete Arbeit verlangt, genügt diese Art des Zeugnisses. Der Schüler Thomas Müller muss beispielsweise in der Schule einen Nachweis über sein Schulpraktikum vorlegen. Die einfache Arbeitsbescheinigung reicht in diesem Fall völlig aus.

Das einfache Zwischenzeugnis

Ein Zwischenzeugnis erhalten Sie, wenn Sie Ihre Tätigkeit in einem Betrieb oder Unternehmen noch nicht beendet haben und dort weiterhin beschäftigt sind. Sie können jederzeit während eines Beschäftigungsverhältnisses verlangen, dass Ihnen über die Art und Dauer Ihrer Tätigkeit ein Zwischenzeugnis ausgestellt wird. Wenn Sie ein berechtigtes Interesse an einem Zeugnis haben, Sie also Dritten gegenüber einen Nachweis über das Bestehen eines Arbeitsverhältnisses zu erbringen haben, muss Ihnen ein solches Zeugnis ausgestellt werden.

Dritte können zum Beispiel Ihre Bank sein, wenn Sie einen Kreditwunsch anmelden, oder eine Behörde, die diesen Nachweis für den Antrag auf Erziehungsurlaub benötigt.

Das qualifizierte Zwischenzeugnis

Die Informationen, die in einem solchen Zeugnis enthalten sind, gehen über die reinen Fakten Ihres Beschäftigungsverhältnisses hinaus. Wozu benötigen Sie ein qualifiziertes Zwischenzeugnis? Zunächst einmal dient dieses Zeugnis als Bewerbungsunterlage. Wenn Sie sich bei einem neuen Arbeitgeber bewerben, stehen Sie meist noch in einem Arbeitsverhältnis. Sie haben daher keinen Anspruch auf ein Endzeugnis, müssen dem neuen Arbeitgeber aber ein Dokument vorlegen, aus dem Ihre Qualifikation hervorgeht. In diesem Fall ist Ihr derzeitiger Arbeitgeber verpflichtet, Ihnen ein Zwischenzeugnis auszustellen, das Ihren Bedürfnissen Rechnung trägt.

Sie haben zwar ein Recht auf dieses Zeugnis, es fragt sich allerdings, ob Sie es wirklich fordern sollten. Denn wenn der Arbeitgeber erfährt, dass Sie sich beruflich neu orientieren wollen, wird das Zeugnis aus Verärgerung darüber, Sie zu verlieren und nach einem Nachfolger für Sie suchen zu müssen, vielleicht nicht besonders positiv ausfallen. Überlegen Sie deshalb, wie Sie möglichst unverfänglich an ein Zwischenzeugnis kommen können.

Eine gute Gelegenheit ist es, wenn Sie innerhalb Ihres jetzigen Unternehmens eine neue Tätigkeit übernehmen. In diesem Fall sollten Sie ein Zwischenzeugnis verlangen. Dieses Dokument sichert Ihnen eine leistungsgerechte Beurteilung Ihrer bisherigen Tätigkeit.

Die Rechtsprechung hat zudem eine weitere Möglichkeit geschaffen, zu einer völlig unverfänglichen Gelegenheit ein Zwischenzeugnis verlangen zu können, nämlich dann, wenn Ihr langjähriger Chef aus dem Betrieb ausscheidet. Der Grund dafür ist ganz einfach: Ihr Arbeitszeugnis wird immer vom direkten Vorgesetzten erstellt. Wenigstens hat er an Ihrer Beurteilung maßgeblichen Anteil. Wenn Ihr langjähriger Vorgesetzter aus dem Betrieb ausscheidet, ist niemand wirklich kompetent, Ihnen ein Zeugnis auszustellen. Denn Ihr neuer Vorgesetzter hat vermutlich nur einen geringen Einblick in Ihre Fähigkeiten und kann auch nichts darüber sagen, was Sie in den letzten Jahren geleistet haben.

Das Bundesarbeitsgericht hat entschieden, dass Sie in einem solchen Fall ein Zwischenzeugnis verlangen dürfen, weil Sie sonst längere Zeit auf eine sachgerechte Beurteilung warten müssten. Ein Chefwechsel gibt Ihnen also die Möglichkeit, unauffällig an ein Zwischenzeugnis heranzukommen.

UNSER TIPP

Zwischenzeugnisse sind äußerst nützlich. Sie können sie künftigen Arbeitgebern bei Bewerbungen vorlegen, wenn Sie keinen Anspruch auf ein Endzeugnis haben. Sie haben also auch dann ein Dokument zur Hand, wenn Sie sich aus einer ungekündigten Position heraus bewerben wollen. Nutzen Sie daher jede unverfängliche Gelegenheit, ein Zwischenzeugnis zu erbitten.

Das einfache Endzeugnis

Wenn Sie Ihr Arbeitsverhältnis beenden, haben Sie einen Anspruch auf ein einfaches Endzeugnis. Darin sind Art und Dauer Ihrer Beschäftigung dokumentiert. Dies gilt auch für Auszubildende, wobei hier Art und Ziel der Berufsausbildung und die während der Ausbildung erworbenen Fertigkeiten erwähnt werden. Auch freie Mitarbeiter haben bei Beendigung ihrer Tätigkeit für ihren Auftraggeber einen Anspruch auf ein solches Zeugnis.

Das qualifizierte Endzeugnis

Ebenso wie bei einem qualifizierten Zwischenzeugnis sind in diesem Dokument zusätzlich zu den Grunddaten Angaben über die Leistung und das Arbeitsverhalten des Arbeitnehmers enthalten. Ein qualifiziertes Endzeugnis dient als Bewerbungsunterlage und als Nachweis über Ihre bisher geleistete Arbeit. Sie haben Anspruch auf ein qualifiziertes Endzeugnis unabhängig davon, aus welchen Gründen Sie ein Unternehmen verlassen, also auch dann, wenn Ihnen gekündigt wird. (Beispiele für unterschiedliche Formen qualifizierter Endzeugnisse finden Sie im Kapitel „Zeugnisbeispiele" ab Seite 81.)

Das Zeugnis nach der Probezeit

Üblicherweise ist mit Ihrem Eintritt in ein unbefristetes Arbeitsverhältnis eine Probezeit verbunden, innerhalb derer Sie oder Ihr Arbeitgeber ohne Angaben von Gründen jederzeit kündigen können. Sie haben nach Beendigung der Probezeit Anspruch auf ein einfaches oder qualifiziertes Zeugnis. Sie sollten aber auf die Ausstellung eines qualifizierten Zeugnisses bestehen. Denn wenn Sie nach einer Beendigung des Arbeitsverhältnisses nach der Probezeit nur ein einfaches Zeugnis vorweisen können, in dem nichts als die Rahmendaten enthalten sind, wird sich jeder neue Arbeitgeber ausmalen können, dass Sie die Probezeit aufgrund Ihrer schlechten Leistungen nicht bestanden haben. Dieser Verdacht wird noch dadurch verstärkt, dass die Rechtsprechung in einem Zeugnis nach der Probezeit einen Hinweis auf die Beendigung des Arbeitsverhältnisses wegen der Unzufriedenheit des Arbeitgebers verbietet. Versuchen Sie deshalb in jedem Fall, ein qualifiziertes Zeugnis zu bekommen, das folgenden Satz enthält: „Der Arbeitnehmer verlässt uns auf eigenen Wunsch." Und selbstverständlich sollten Sie sich die Gelegenheit nicht entgehen lassen, an ein Zwischenzeugnis zu kommen, wenn Sie nach der Probezeit in ein festes Arbeitsverhältnis übernommen werden.

UNSER TIPP

Wenn Sie sich nach der Probezeit selbst ein Zeugnis ausstellen, achten Sie darauf, mehr als die bloßen Rahmendaten Ihrer Beschäftigung aufzunehmen. Eine einfache Tätigkeitsbeschreibung macht auf künftige Arbeitgeber einen schlechten Eindruck.

Der Aufbau Ihres Zeugnisses

Jetzt ist es so weit. „Schreiben Sie mir mal einen Entwurf", sagt Ihr Chef, als Sie mit dem Wunsch nach einem Zeugnis zu ihm kommen. Was aber hineinschreiben? Vielleicht denken Sie zunächst: „Gut, das ist meine Chance, mir ein gutes Zeugnis auszustellen." Aber schon nach den ersten Sätzen werden Sie ins Grübeln kommen. Sie werden feststellen, dass es gar nicht so einfach ist, über seine eigenen Fähigkeiten und – noch viel schwerer – über seine eigenen Schwachstellen zu schreiben. Die meisten Menschen sind es einfach nicht gewohnt, unbefangen Schwächen zuzugeben, oder – ohne ein peinliches Gefühl zu entwickeln – zu behaupten: „Das kann ich gut."

Zu diesem Problem kommen wir später noch. Zunächst wird es Ihnen eine Hilfe sein, zu wissen, welche formalen Voraussetzungen ein Zeugnis erfüllen muss. Wenn Sie das, was unbedingt in ein Zeugnis gehört, schon einmal aufschreiben, haben Sie den Kopf für die komplizierten Beurteilungen Ihrer Tätigkeit frei.

> **UNSER TIPP**
>
> Schreiben Sie sich zunächst die Rahmendaten auf, die in Ihrem Zeugnis unbedingt enthalten sein müssen. Legen Sie dann eine Kladde an und tragen Sie alles ein, was sonst noch für Ihre Beurteilung wichtig ist. Sprechen Sie mit guten Freunden oder vertrauten Arbeitskollegen über diese Punkte. Erst nachdem Sie konstruktive Kritik erhalten haben, sollten Sie eine Zeugnisfassung erstellen, die Sie Ihrem Arbeitgeber vorlegen.

Einfaches Zeugnis – formale Kriterien

Selbstverständlich muss erkennbar sein, wer der ausstellende Arbeitgeber ist. Darum müssen Sie sich aber nicht kümmern, denn dies geht in der Regel aus dem Briefpapier des Arbeitgebers hervor, auf dem Ihr endgültiges Zeugnis steht. Ein Hinweis darauf in Ihrem Entwurf genügt. Das Papier muss mit der Überschrift „Zeugnis" oder „Zwischenzeugnis" versehen sein. Weiter gehört Ihr Name (Vor- und Zuname) mit Titel und Geburtsdatum in das Zeugnis. Manche Arbeitgeber fügen noch die Anschrift hinzu, dies ist aber nicht zwingend notwendig.

Selbstverständlich muss die Dauer Ihres Beschäftigungsverhältnisses aufgenommen werden, und zwar mit dem Eintritts- und Austrittsdatum aus dem Unternehmen. Die Art der geleisteten Tätigkeit – die sich in der Regel mit Ihrer Berufsbezeichnung deckt – gehört ebenfalls in das Zeugnis. Das Zeugnis schließt mit der eigenhändigen Unterschrift des Chefs oder der von ihm beauftragten Person sowie Ort und Datum der Zeugnisausstellung. Das könnte dann so aussehen:

Zeugnis
Herr Rudolf Heinze, geboren am 22. November 1961, war in der Zeit vom 1. Januar 1994 bis zum 31. Dezember 1999 bei uns als Verkäufer in der Uhrenabteilung beschäftigt.
Wiesbaden, den 3. Januar 2001
Unterschrift

Einfache Ausbildungszeugnisse müssen darüber hinaus die Art der Berufsausbildung (Feinmechaniker, Bäcker, Programmierer usw.) sowie die Ausbildungseinrichtung nennen.

Qualifiziertes Zeugnis – formale Kriterien

In den Entwurf Ihres qualifizierten Zeugnisses schreiben Sie zunächst einmal die gleichen Rahmendaten hinein wie in ein einfaches Zeugnis: Bezeichnung des ausstellenden Arbeitgebers, Überschrift, Bezeichnung des Arbeitnehmers (Ihre Daten), Dauer des Beschäftigungsverhältnisses und die Art Ihrer geleisteten Tätigkeit. Diese Angaben werden in einem Eingangssatz zusammengefasst, sind also quasi eine Einleitung zu der dann folgenden Qualifizierung Ihrer Tätigkeit.

Dann beginnt der für Sie schwierige Teil: die Beurteilung Ihrer Leistung und Ihres Verhaltens während Ihrer Anstellung in dem Betrieb. Im Einzelnen gehören dazu:

- eine ausführliche Tätigkeitsbeschreibung,
- eine Leistungsbewertung,
- eine Führungsbewertung,
- Angaben zu Zusatzqualifikationen/Weiterbildungen,
- eine Verhaltensbewertung,
- eine Gesamtbewertung,
- Art und Umstände des Ausscheidens aus dem Betrieb,
- Abschlussformulierung,
- Ort und Datum des Zeugnisses,
- Unterschrift.

Tätigkeitsbeschreibung

Listen Sie alle Ihre Tätigkeiten vollständig und genau auf. Konzentrieren Sie sich dabei auf die Arbeiten, die typisch für Ihren spezifischen Tätigkeitsbereich sind. Dass Sie mitunter Fotokopien erstellt oder Briefe frankiert haben, bedarf keiner Erwähnung. Eine Beschreibung solcher selbstverständlich vorauszusetzenden Tätigkeiten wirkt eher peinlich.

Die ausführliche Tätigkeitsbeschreibung soll einem künftigen Arbeitgeber die Möglichkeit geben, sich ein genaues Bild von dem zu machen, womit Sie während Ihrer bisherigen Arbeit beschäftigt waren und zu welchen Tätigkeiten er Sie sofort – ohne Einarbeitung – einsetzen kann. Wenn Sie eigenverantwortliche Tätigkeiten ausgeführt haben, also im Rahmen Ihrer Arbeit selbstständig Entscheidungen fällen mussten, sollten Sie dies hervorheben. Selbstverständlich beschreiben Sie gegebenenfalls eine Vorgesetztentätigkeit, wenn Ihnen Mitarbeiter unterstellt waren.

> **UNSER TIPP**
>
> Vermeiden Sie überflüssige Füll-Formulierungen. Auch Arbeiten, die selbstverständlich von Ihnen erwartet werden, etwa Kopiertätigkeiten, Telefongespräche o. Ä., sollten Sie nicht nennen. Es wirkt eher peinlich, wenn Sie Arbeiten dieser Art als Tätigkeitsbeschreibung aufführen. Es kommt darauf an, ob eine bestimmte Tätigkeit eine wesentliche Bedeutung für Ihren Beruf hat. Wenn Sie beispielsweise mit Telefonmarketing zu tun haben, gehören Telefongespräche natürlich zu Ihrer Tätigkeitsbeschreibung.

Leistungsbewertung

Andere Menschen zu bewerten, fällt uns leichter als eine zutreffende Selbsteinschätzung. Wissenschaftler sprechen von dem so genannten „blinden Fleck", der uns die Wahrnehmung unserer eigenen Stärken und Schwächen schwer macht. Wenn Sie sich selbst ein Zeugnis ausstellen, müssen Sie diese Schwierigkeiten überwinden.

Was also bedeutet Leistungsbewertung? Zunächst einmal beschreiben Sie Ihre Arbeitsbereitschaft: Haben Sie gerne gearbeitet und sich für Ihren Job eingesetzt? Dann folgt die Arbeitsbefähigung: Wie belastbar sind Sie? Über welche intellektuellen Fähigkeiten verfügen Sie? Haben Sie besondere Fachkenntnisse? Beschreiben Sie dann Ihre Arbeitserfolge: Wie viele der Ihnen gestellten Aufgaben konnten Sie erledigen? Welches Arbeitstempo besitzen Sie? Wie sorgfältig arbeiten Sie? Welche Qualität besitzt die von Ihnen erledigte Arbeit? Wenn Sie besondere Arbeitserfolge aufzuweisen haben, sollten Sie diese gesondert aufführen. Im Falle einer Vorgesetztenposition beschreiben Sie Ihre Führungskompetenz: Haben Sie eine Abteilung oder eine Gruppe geleitet? Wie zufrieden waren Ihre Mitarbeiter mit Ihrer Führungskompetenz? In jedem Fall aufführen sollten Sie Zusatzqualifikationen, die Sie erworben, und Weiterbildungen, die Sie absolviert haben. (Fügen Sie bei Bewerbungen entsprechende Bescheinigungen immer bei.)

> **UNSER TIPP**
>
> Die Leistungsbewertung gehört – neben der im Folgenden beschriebenen Verhaltensbewertung – zu den kompliziertesten Teilen Ihres Zeugnisses. Eine schlüssige und glaubwürdige Darstellung setzt eine gründliche, ehrliche Auseinandersetzung mit Ihren tatsächlichen Fähigkeiten voraus.

Verhaltensbewertung

Hier geht es um Ihr soziales und persönliches Verhalten gegenüber Kollegen, Untergebenen und Vorgesetzten. War schon die Leistungsbeurteilung schwierig, so ist die Verhaltensbewertung eine echte Herausforderung. Wer schreibt sich schon gerne selbst Unzulänglichkeiten im Sozialverhalten zu? Oder wer behauptet ohne Hemmungen, er sei der netteste und kollegialste Typ der ganzen Firma?

Unterhalten Sie sich mit Freunden oder vertrauten Kollegen darüber. Vier Augen sehen immer mehr als zwei. Insbesondere dann, wenn es um nicht objektiv messbare Dinge wie Freundlichkeit, Aufmerksamkeit o. Ä. geht, helfen Ihnen Wahrnehmungen anderer Menschen, ein realistisches Bild von sich selbst zu gewinnen. Weitere Anregungen finden Sie im Kapitel „Der Umgang mit den eigenen Stärken und Schwächen" (S. 45 ff.).

> **UNSER TIPP**
>
> Reden Sie mit Freunden und Kollegen über Ihre Selbstwahrnehmung. Sie werden sehen, dass es Ihnen hilft, Ihr Verhalten angemessen zu beurteilen. Es wird Ihnen dann leichter fallen, sich selbst ein Zeugnis über Ihr Verhalten auszustellen. Natürlich müssen Sie dabei etwas zwischen den Zeilen lesen können, denn Freunde werden mögliche Kritik vielleicht nur vorsichtig andeuten.

> Und wenn Ihnen jemand einmal einige unangenehme Wahrheiten sagt, gehen Sie nicht gleich in die Verteidigungshaltung. Seien Sie dankbar für diese Kritik und denken Sie in Ruhe darüber nach. Das eine oder andere werden Sie vermutlich anders sehen, aber wie Sie auf andere wirken, ist sehr wichtig. Und außerdem eröffnet Ihnen Kritik die Chance, an sich zu arbeiten.

Gesamtbewertung

Hier fassen Sie die vorangegangenen Beurteilungen noch einmal zusammen und kommen zu einer in wenigen Sätzen formulierten Beurteilung Ihrer Tätigkeit. Diese bezieht sich sowohl auf Ihre Leistungsbeurteilung als auch auf Ihre Verhaltensbewertung.

Gründe für Ihr Ausscheiden

In der Regel werden Gründe für das Ausscheiden aus einem Unternehmen im Zeugnis genannt. Vorsicht: Fehlen entsprechende Angaben, kann bei einem zukünftigen Arbeitgeber der Verdacht aufkommen, dass die Trennung nicht einvernehmlich erfolgte.

Wenn Sie selbst gekündigt haben, kann man voraussetzen, dass Sie nicht wegen mangelnder Arbeitsleistung oder sonstigem Fehlverhalten aus dem Unternehmen ausscheiden. Die Standardformulierung für eine freiwillige Kündigung des Arbeitnehmers lautet: „… verlässt uns auf eigenen Wunsch." Steht dieser Satz in Ihrem Zeugnis, wird ein neuer Arbeitgeber annehmen, dass Sie sich aktiv um einen neuen Job bemühen, und nicht vermuten, dass Ihnen gekündigt wurde.

Geht die Beendigung eines Arbeitsverhältnisses sowohl auf den Wunsch des Arbeitnehmers als auch auf den des Arbeitgebers zurück, wäre eigentlich die folgende Formulierung angebracht: „… verlässt uns in gegenseitigem Einvernehmen." Allerdings legt diese Formulierung in der Regel den Verdacht nahe, dass jemand nicht ganz freiwillig gegangen ist und dass ihm der Arbeitgeber nahe gelegt hat, selbst zu kündigen, bevor ihm gekündigt wird.

Wenn Arbeitsverhältnisse automatisch durch eine Befristung der Verträge beendet werden, wird dies im Zeugnis erwähnt. Die entsprechende Formulierung lautet in der Regel: „… verlässt uns mit Ablauf der vereinbarten Zeit" oder „… verlässt uns mit Bestehen seiner Abschlussprüfung."

Eine Kündigung durch den Arbeitgeber wird im Zeugnis nur erwähnt, wenn damit eine ausdrückliche Missbilligung zum Ausdruck gebracht werden soll. Sie haben ein Recht darauf, dass Gründe für die Beendigung des Arbeitsverhältnisses nur dann angegeben werden, wenn das für Sie vorteilhaft ist. In Ausnahmefällen können Gründe für eine Kündigung auch gegen den Willen des Zeugnisempfängers erwähnt werden, zum Beispiel bei kriminellem Verhalten des Arbeitnehmers. Ansonsten wird die Kündigung durch den Arbeitgeber nicht direkt erwähnt, sondern umschrieben. Allerdings werden Sie in solchen Fällen kaum dazu aufgefordert werden, selbst einen Zeugnisentwurf zu schreiben.

Wenn möglich, sollten Sie die Gründe für die Beendigung des Arbeitsverhältnisses in dem Zeugnis nennen, beispielsweise:

- persönliche Gründe (zum Beispiel unabdingbarer Umzug der Familie, Krankheit, die Sie nicht grundsätzlich arbeitsunfähig macht, aber an bestimmten Tätigkeiten hindert, usw.),
- berufliche Umorientierung (beispielsweise Umstieg vom Systemprogrammierer zum Webdesigner oder vom Grafiker zum Mitarbeiter einer Werbeagentur; auch völlige Neuorientierung kann durchaus genannt werden),
- fehlende berufliche Aufstiegschancen beim derzeitigen Arbeitgeber bzw. Aufstiegsmöglichkeiten in einem anderen Betrieb,
- betriebliche Gründe (Auflösung einer Abteilung, Umorganisation innerhalb des Betriebs usw.).

Mögliche Formulierungen zur Angabe von Gründen:

… um sich beruflich zu verändern, … um sich neuen beruflichen Aufgaben zu widmen, … um sich voll ihrer/seiner Familie zu widmen, … ver-

lässt uns aus betrieblichen Gründen infolge Geschäftsaufgabe/Betriebseinschränkungen.

Abschlussformulierung

Dieser Passus enthält in der Regel Worte des Bedauerns über den Weggang aus dem Unternehmen. Wünsche für den weiteren beruflichen Erfolg sind ebenso enthalten wie möglicherweise die Aussage, das Unternehmen sei gegebenenfalls bereit, den ausscheidenden Mitarbeiter erneut in ein Anstellungsverhältnis zu übernehmen, wenn er selbst dies wünscht. Eine solche Schlussformulierung kann folgendermaßen aussehen:

Mit ... verlieren wir einen unserer besten ... Für seine berufliche und private Zukunft wünschen wir ihm alles Gute.

Ausstellungsort, Datum und Unterschrift

Am Ende werden Ausstellungsort und Ausstellungszeitpunkt des Zeugnisses genannt. Der Name des Unterzeichners sollte nicht nur aus der handschriftlichen Unterschrift hervorgehen, sondern auch in maschinell gedruckter Form im Zeugnis stehen. Dazu gehört auch die Position bzw. Rechtsstellung des Unterzeichners. Bereits aus der Stellung des Unterzeichners lässt sich in etwa ablesen, wo in der betrieblichen Hierarchie der Zeugnisempfänger steht. Je höherrangig der Unterzeichner, desto besser. Allerdings nutzt die Unterschrift des Firmeninhabers wenig, wenn die Zeugnisformulierungen sehr allgemein gehalten sind und deutlich wird, dass der Unterzeichner eigentlich keinen Einblick in die Tätigkeit des Zeugnisempfängers hat.

Das qualifizierte Zeugnis

Die folgende Übersicht zeigt Ihnen ein Raster für ein qualifiziertes Endzeugnis, an dem Sie sich bei der Formulierung Ihres Zeugnisentwurfs orientieren können. Darin sind alle wesentlichen Merkmale enthalten, die Sie berücksichtigen müssen, wenn Sie sich selbst ein solches qualifiziertes Zeugnis schreiben müssen.

Personalien	Herr/Frau ... geboren am ... in ...
Ein- und Austrittsdatum	war vom ... bis ... als ... in unserem Hause beschäftigt.
Arbeitsplatz	Herr/Frau ... wurde in der Abteilung ... eingesetzt.
Aufgabengebiet	Das Aufgabengebiet von Herrn/Frau ... umfasste ...
Leistung	Herr/Frau ... zeigte schon nach sehr kurzer Einarbeitung überdurchschnittliches Können, hohe Verantwortungsbereitschaft und sichere Urteilsfähigkeit. Herr/Frau ... zeichnete sich besonders durch seine/ihre präzise Arbeitsweise, seinen/ihren ausgeprägten Ordnungssinn, seine/ihre Einsatz-

| | bereitschaft, sein/ihr Organisationstalent, sein/ihr Verhandlungsgeschick aus. |

Fortbildungsinitiative — Besonders begrüßen wir das Bestreben von Herrn/Frau …, sich durch das Ausnutzen von Fortbildungsmöglichkeiten (Angaben über spezielle Weiterbildungsmaßnahmen) über die neueren Entwicklungen zu orientieren und sich mit dem gegenwärtigen Erkenntnisstand seines/ihres Fachgebietes vertraut zu machen.

Beurteilung — Herr/Frau … hat die ihm/ihr übertragenen Arbeiten stets zu unserer vollsten Zufriedenheit erledigt.

Sozialverhalten — Das Verhalten von Herrn/Frau … gegenüber Vorgesetzten und Kollegen war stets einwandfrei.

Ausscheidegrund — Wir bedauern eine(n) so tüchtige(n) Mitarbeiter(in) verlieren zu müssen. Herr/Frau … verlässt uns auf eigenen Wunsch zum …

Abschließende Dankesformel und Wünsche — Wir danken Herrn/Frau … für die jahrelange gute Zusammenarbeit und wünschen ihm/ihr für seinen/ihren weiteren Lebens- und Berufsweg alles Gute.

Formulierungsbeispiele für die Leistungsbewertung

Wenn Sie die Zeugnisbeispiele im hinteren Teil dieses Buches durchlesen, wird Ihnen auffallen, dass Negativformulierungen nicht vorkommen. Dies liegt daran, dass ausscheidende Mitarbeiter das Recht auf ein wohlwollendes Zeugnis haben. Deshalb hat sich die Praxis eingebürgert, Formulierungen mit abgestuften positiven Merkmalen zu verwenden, die dem Leser mitteilen, wie gut oder schlecht die Leistung des Mitarbeiters beurteilt wird. Vor allem durch das Weglassen von Informationen wird einem Dritten signalisiert, wie zufrieden oder unzufrieden der Chef mit einem Mitarbeiter war. Die abgestufte Formulierung kommt einer Notenskala gleich. Wenn Sie sich also Ihr eigenes Zeugnis schreiben, sollten Sie sich zunächst mit den gängigsten qualifizierenden Formulierungen vertraut machen.

Sehr gute Leistungen (Note 1) werden mit folgenden Formulierungen umschrieben:

Herr Meier hat die ihm übertragenen Aufgaben stets zu unserer vollsten Zufriedenheit erfüllt.
Wir waren mit der Leistung von Frau Bredenbach in jeglicher Hinsicht außerordentlich zufrieden.
Die Leistungen von Herrn Friedrich haben in jeder Hinsicht unsere vollste Anerkennung gefunden.

Gute Leistungen (Note 2) werden so umschrieben:

Frau Kürten hat die ihr übertragenen Aufgaben stets zu unserer vollen Zufriedenheit ausgeführt.
Wir waren mit den Leistungen von Herrn Dr. Schelling voll und ganz zufrieden.

Die Leistungen von Frau Kämmerer haben unsere volle Anerkennung gefunden.

Befriedigende Leistungen (Note 3) werden so formuliert:

Herr Glanzer hat die ihm übertragenen Arbeiten zu unserer vollen Zufriedenheit erledigt.
Wir waren mit der Leistung von Frau Ludwig voll zufrieden.
Herr Gleue hat unseren Erwartungen in jeder Hinsicht entsprochen.

Ausreichende Leistungen (Note 4) lesen sich folgendermaßen:

Frau Theune hat die ihr übertragenen Aufgaben zu unserer Zufriedenheit erledigt.
Wir waren mit den Leistungen von Herrn Thieme zufrieden.

Mangelhafte Leistungen (Note 5) klingen so:

Herr Diefenbach hat die ihm übertragenen Aufgaben im Großen und Ganzen zu unserer Zufriedenheit erledigt.
Die Leistungen von Frau Dornberger haben weitestgehend unseren Erwartungen entsprochen.

Ungenügende Leistungen (Note 6) erkennen Sie daran:

Frau Grothe hat sich bemüht, die ihr übertragenen Aufgaben zu unserer Zufriedenheit zu erledigen.
Herr Kimmig hat sich bemüht, unseren Anforderungen gerecht zu werden.

> **UNSER TIPP**
>
> Zwar greifen sehr viele Unternehmen auf solche abgestuften Formulierungen zurück. Sie selbst müssen sich aber nicht in allen Punkten starr daran orientieren; persönlich gehaltene Formulierungen sind oft leichter verständlich und Sie können dem Zeugnis Ihre eigene Note geben. Machen Sie sich trotzdem mit dem Zeugniscode vertraut, damit Sie nicht in bester Absicht, aber ohne es zu ahnen, eine Formulierung verwenden, die auch negativ gedeutet werden kann.

Formulierungsbeispiele für Arbeitsbereitschaft und Arbeitsbefähigung

Es geht um Ihr Engagement und Können. Natürlich spielen dabei auch subjektive Wahrnehmungen Ihres Chefs eine Rolle. Aber auch für diesen Bereich gibt es Formulierungsstandards, an denen Sie sich orientieren können. Wenn Sie glauben, großes Engagement gezeigt zu haben, formulieren Sie bei der Bewertung Ihrer Eigeninitiative etwa folgendermaßen:

Herr Thierse zeigte stets ein hohes Engagement und Eigeninitiative bei der Lösung von Arbeitsproblemen.

Wollen Sie Ihr eigenes Engagement dagegen nur befriedigend bewerten, formulieren Sie so:

Frau Otto zeigte Engagement bei der Lösung von Arbeitsproblemen.

Und glauben Sie, Ihre Eigeninitiative wäre stark verbesserungsbedürftig, also fast mangelhaft, dann können Sie folgendermaßen schreiben:

Herr Ceip hat der von uns geforderten Einsatzbereitschaft im Wesentlichen entsprochen.

In der Beurteilung Ihrer Arbeitsbefähigung – also Belastbarkeit, allgemeiner Auffassungsgabe, intellektueller Fähigkeiten, Stresstoleranz, Fachkenntnissen usw. – werden Sie nicht immer alle Aspekte aufschreiben können. Wesentlich aber ist die Nennung von einzelnen Aspekten. Sonderqualifikationen, spezielle Weiterbildungsmaßnahmen oder besonders selbstständige Tätigkeiten sollten Sie aufführen. Eine sehr gute Beurteilung könnten Sie folgendermaßen formulieren:

Frau Danzig verfügt über ein fundiertes und vielseitig einsetzbares Fachwissen. Auch unter Stress gelang es ihr immer, ihre Aufgaben ohne jeglichen Makel zu erledigen. Durch ihre schnelle Auffassungsgabe, ihr persönliches Engagement und ihre stetige Bereitschaft zur Weiterbildung wurde sie im Laufe der Zeit zu einer besonders qualifizierten Expertin für die Bearbeitung unserer Lohnbuchhaltung.

Je nach Grad Ihrer Zufriedenheit mit sich selbst können Sie diese Formulierungen abstufen. Beispielsweise relativieren Sie Ihren Expertenstatus dadurch, dass Sie sich nicht als „besonders qualifiziert", sondern als „qualifiziert" beschreiben. Obwohl Sie sich kaum ein negatives Zeugnis ausstellen werden, dennoch hier ein Beispiel für eine mangelhafte Bewertung Ihrer Arbeitsbefähigung:

Herr Kölsch verfügt über entwicklungsfähige Kenntnisse in seinem Arbeitsbereich und hatte Gelegenheit, sich erforderliches Wissen für die Tätigkeiten an der Backmaschine anzueignen.

Verhaltensbewertung

Ihr soziales Verhalten spielt in der Gesamtbewertung eine wichtige Rolle. Selbst wenn Sie fachlich ein Experte sind, von Ihren Kollegen und Vorgesetzten wegen Ihres Verhaltens aber nur noch gemieden werden – und dies im Abschlusszeugnis seinen Niederschlag findet, können Sie sicher sein, dass Sie bei Ihrem neuen Arbeitgeber auf eine gehörige Portion Skepsis stoßen.

Bewertet wird in dem Zeugnis Ihr Umgang mit Kunden, Vorgesetzten, Kollegen und Ihnen unterstellten Mitarbeitern. Je höher Sie in der Hierarchie eines Unternehmens angesiedelt sind, desto mehr Gewicht wird auf die Beurteilung Ihres Verhaltens gelegt. Sind Sie Gruppenleiter oder Abteilungsleiter in einer Firma, tragen Sie durch Ihr Verhalten sehr viel zum allgemeinen Klima im Unternehmen bei. Achten Sie also bei der Erstellung Ihres eigenen Zeugnisses darauf, dass Sie diesem Aspekt gebührenden Platz einräumen.

Formulierungen wie „Das Verhalten von Frau Bock gegenüber ihren Kollegen und Vorgesetzten war stets einwandfrei" lassen immer eine positive Assoziation zu. Steht dagegen im Zeugnis eine Formulierung wie „Herr Beier war gegenüber seinen Kollegen und Vorgesetzten stets um Anerkennung bemüht", bedeutet dies nichts anderes, als dass Sie in Ihrem Unternehmen wenig beliebt waren.

UNSER TIPP

Achten Sie bei der Formulierung Ihres Zeugnisses darauf, dass Sie einer Verhaltensbewertung genügend Platz einräumen. Künftige Arbeitgeber achten immer stärker auf diesen Aspekt Ihrer Beurteilung, da in den Unternehmen zunehmend Teamarbeit gefragt ist, bei der es auf soziale Kompetenz ankommt.

Immer mehr Unternehmen bauen Hierarchien ab und führen so genannte „flache Hierarchien" ein. Damit verbunden sind mehr Teamarbeit und interdisziplinäres Arbeiten. Dies hat zur Folge, dass in Ihrem Zeugnis Kriterien wie Teamfähigkeit, Kontaktvermögen, Kommunikationsfähigkeit, Kritikfähigkeit und Hilfsbereitschaft immer größere Bedeutung erlangen. Achten Sie also darauf, dass Sie diese Seiten Ihres Verhaltens besonders erwähnen, wenn es um Ihre Verhaltensbewertung geht.

Eine sehr gute Beurteilung Ihres Verhaltens könnten Sie folgendermaßen formulieren:

Herr Wittich zeigt stets vorbildliches Verhalten. Von Vorgesetzten, Kollegen, seinen Mitarbeitern und Geschäftspartnern wird er gleichermaßen sehr geschätzt. Er fördert aktiv die Zusammenarbeit in seinem Team, übt und akzeptiert sachliche Kritik. Herr Wittich ist jederzeit hilfsbereit und stellt, wenn es erforderlich ist, seine persönlichen Interessen hinter denen des Unternehmens zurück.

Dagegen lautet eine negative Beurteilung des Verhaltens so:

Herrn Weiperts persönliches Verhalten gegenüber Kunden und Kollegen war in der Regel ohne Beanstandung.

Abschlussformulierungen

Der Teufel steckt im Detail. Gerade Formulierungen, die das Ausscheiden aus dem Betrieb betreffen, liest Ihr künftiger Arbeitgeber besonders aufmerksam.

Eines vorweg: Eine fristlose Kündigung durch Ihren Arbeitgeber darf so in Ihrem Zeugnis nicht benannt werden. Dass es dennoch Hinweise auf einen solchen Fall gibt, ohne dass er ausdrücklich erwähnt ist, sollte Sie nicht wundern. Beispielsweise weist ein „krummes" Datum auf etwaige Unregelmäßigkeiten hin. Arbeitsverhältnisse werden in der Regel zum Quartalsende beendet, manchmal auch zum Monatsende, sicherlich nicht aber am 3. oder 17. eines Monats. Ein solches Datum legt also die Vermutung nahe, dass Ihr Arbeitgeber gute Gründe hatte, Sie ohne Einhaltung von Kündigungsfristen zu „feuern".

> **UNSER TIPP**
>
> Geben Sie in Ihrem Zeugnis das Datum des kommenden Quartalsendes an oder, wenn dies nicht möglich ist, das Monatsende. Verwenden Sie niemals ein „krummes" Datum; das ist immer ein Hinweis auf Unstimmigkeiten.

Gründe für die Beendigung eines Arbeitsverhältnisses dürfen in der Regel nicht in das Zeugnis hineingeschrieben werden. Nur wenn Sie dies wollen, können entsprechende Formulierungen aufgenommen werden. Am unverfänglichsten ist die Formulierung: „Herr Meier verlässt uns auf eigenen Wunsch." Damit ist zwar wenig ausgesagt und im Falle eines Arbeitsgerichtsprozesses verspielen Sie damit die Chance auf eine Abfindung.

Mit dem Zusatz „... um sich in einem anderen Unternehmen neuen Herausforderungen zu stellen" können Sie jedoch ein konfliktfreies Ausscheiden dokumentieren. Ein lapidarer Satz „Das Arbeitsverhältnis endet am 1. Oktober 2000" weist hingegen auf Konflikte mit dem Unternehmen hin und spricht nicht zu Ihren Gunsten.

In jedem Fall sollten Sie sich eine Formulierung überlegen, die das Zeugnis zum Ende hin zu Ihren Gunsten abrundet. Dies erreichen Sie in erster Linie, indem Sie einen Dank und Wünsche für die Zukunft in die Schlussformulierung aufnehmen. Immer stärker achten Arbeitgeber auf solche Formulierungen, nicht selten sehen sie sich sogar zuerst das Ende des Zeugnisses an.

Ist ein solcher Dankessatz enthalten, wird das Gesamtzeugnis sofort wohlwollend gelesen. Im Folgenden ein Beispiel für eine solche positive Schlussbemerkung:

Frau Rabe verlässt uns auf eigenen Wunsch, um sich einer neuen Herausforderung zu stellen. Wir bedauern ihr Ausscheiden sehr und danken Frau Rabe für ihre engagierte und zuverlässige Mitarbeit. Für ihre private und berufliche Zukunft wünschen wir ihr weiterhin viel Erfolg.

Achten Sie auf Feinheiten in Ihrer Formulierung. Schon Kleinigkeiten entscheiden über einen positiven oder negativen Eindruck. Im Folgenden ein negatives Beispiel:

Das Arbeitsverhältnis zwischen Herrn Schröder und unserem Unternehmen endet am 13. Mai 1999. Wir wollen ihm unseren Dank für die immer vorhandene Arbeitsbereitschaft nicht versagen und wünschen ihm für die Zukunft alles Gute.

Ein aufmerksamer Leser kann dieser Formulierung einiges entnehmen. Bereits die Tatsache, dass kein Grund für das Ende des Arbeitsverhältnisses angegeben ist, kann auf Unstimmigkeiten hindeuten. Eindeutig dafür spricht das „krumme" Datum. Die Formulierung „Wir wollen ihm unseren Dank nicht versagen" bedeutet im Klartext: Von selbst kämen wir nicht auf die Idee, ihm zu danken, aber weil Zeugnisse positiv formuliert sein müssen, sehen wir uns zu diesem Dank gezwungen. Schließlich wird Herrn Schröder nicht etwa für seine Leistung gedankt, sondern für seine Bereitschaft zu arbeiten – eigentlich eine banale Selbstverständlichkeit. Und bei spitzfindiger Lektüre könnte man noch herauslesen: Herr Schröder war zwar zur Arbeit bereit, gearbeitet hat er allerdings nicht immer.

Was auf keinen Fall in Ihrem Zeugnis enthalten sein darf

Längst nicht alles, was Sie im Verlaufe Ihres Anstellungsverhältnisses erlebt haben, darf oder sollte seinen Platz in Ihrem Zeugnis finden, selbst wenn es mit Ihrer Tätigkeit mittelbar oder unmittelbar zu tun hat.

So hat Ihr Verdienst im Zeugnis nichts zu suchen. Ein Arbeitgeberwechsel ist in der Regel mit Gehaltsverhandlungen verbunden. Sie verschlechtern Ihre Verhandlungsposition, wenn Ihr jetziges Gehalt bekannt ist.

Die tatsächlichen Kündigungsgründe im Falle der Beendigung des Arbeitsverhältnisses durch Ihren Arbeitgeber dürfen ebenfalls nicht genannt werden, wenn Sie dies ablehnen. Dies gilt auch für eine berechtigte fristlose Kündigung. Andererseits können Sie aber auf einer Benennung der Umstände bestehen, wenn Sie ein Interesse daran haben. Dieses Interesse könnte zum Beispiel bei einem Konkurs des Unternehmens oder anderen betriebsbedingten Gründen gegeben sein, an denen Sie nicht ursächlich beteiligt sind. Ein Beispiel ist auch ein konjunkturbedingter Arbeitsplatzabbau, bei dem es in Ihrem eigenen Interesse sein wird, wenn eine Formulierung wie „Aufgrund wirtschaftlicher Zwänge sehen wir uns außerstande, den Arbeitsplatz von Herrn Müller weiter aufrechterhalten zu können" in Ihrem Zeugnis enthalten ist. In einem solchen Fall sollten Sie vor allem betonen, dass die Entlassung in keiner Weise etwas mit Ihrer Qualifikation zu tun hat.

> **UNSER TIPP**
>
> Schreiben Sie im Falle einer Kündigung durch den Arbeitgeber nur dann einen Kündigungsgrund in Ihr Zeugnis, wenn dies nicht zu Ihrem Nachteil ausgelegt werden kann, also nur dann, wenn der Grund für die Kündigung nicht in Ihrer Person zu finden ist.

Vertragsbrüche – zum Beispiel bei Journalisten der unerlaubte Verkauf eines Artikels an eine Konkurrenzzeitung – dürfen ebenfalls nicht als Grund für eine Entlassung benannt werden. Etwas anderes gilt, wenn Ihr Verhalten strafrechtlich relevant ist und Sie rechtskräftig verurteilt sind. Eine damit nicht im Zusammenhang stehende Vorstrafe darf aber nicht in Ihrem Arbeitszeugnis auftauchen.

Persönliche Umstände, die mit Ihrer Arbeit nichts zu tun haben, dürfen ebenfalls nicht erwähnt werden. Dies betrifft mögliche Erkrankungen, die die Arbeitsabläufe nicht beeinträchtigen, Alkohol- oder Drogenabhängigkeit, Behinderungen oder einen zeitlich begrenzten Leistungsabfall, der mit schwierigen persönlichen Umständen wie etwa Scheidung,

Krankheit oder Tod von Angehörigen zusammenhängt. Sollte Ihnen jedoch aufgrund einer lange andauernden Krankheit gekündigt werden, die es dem Arbeitgeber unmöglich macht, eine Beurteilung Ihrer Arbeitsleistung vorzunehmen, darf dies Erwähnung finden.

Gewerkschaftliche oder politische Aktivitäten in das Zeugnis aufzunehmen, ist ebenfalls untersagt. Insbesondere darf nicht erwähnt werden, wenn Sie sich im Betriebsrat engagiert haben. Wenn Sie dies jedoch ausdrücklich wünschen, können Sie es in Ihren Zeugnisentwurf schreiben. Eine eventuelle Parteizugehörigkeit oder die Zugehörigkeit zu einer Religionsgemeinschaft zu benennen, ist ebenfalls untersagt.

> **UNSER TIPP**
>
> Wenn Sie sich im Betrieb gewerkschaftlich engagiert haben, können Sie dies zwar in Ihr Zeugnis hineinschreiben. Sie sollten sich dies aber sehr genau überlegen, denn manche Arbeitgeber sehen es nicht gerne, wenn dieser Aspekt Ihrer Tätigkeit besonders betont wird.

Einige Formulierungen, die nicht in Ihrem Zeugnis stehen sollten

„... **erledigte alle Arbeiten mit großem Fleiß und Interesse.**" Sie waren eifrig, aber ohne Erfolg.

„... **hat alle übertragenen Arbeiten ordnungsgemäß erledigt.**" Sie sind ein Bürokrat ohne Eigeninitiative.

„... **möchten wir seine Fähigkeiten hervorheben, die Aufgaben mit vollem Erfolg zu delegieren.**" Sie sind ein Drückeberger.

„... **hat sich im Rahmen ihrer Fähigkeiten eingesetzt.**" Sie haben eine äußerst schwache Leistung gezeigt.

„... **hat sich bemüht, den Anforderungen gerecht zu werden.**" Sie sind ein Versager.

„... **zeigte für die Arbeit Verständnis.**" Sie sind ein Faulpelz.

„... **verfügt über Fachwissen und zeigt gesundes Selbstvertrauen.**" Sie äußern sich gerne großspurig, aber wenig fundiert.

„… war tüchtig und wusste sich gut zu verkaufen." Sie sind ein unangenehmer Mitarbeiter und Zeitgenosse.

„… die Zusammenarbeit verlief ohne Beanstandung." Sie verlief aber auch nicht sehr angenehm.

„… erzielte einen nicht unerheblichen Umsatz." Sie haben aber auch keinen erheblichen Umsatz erzielt.

„… trug durch seine Geselligkeit zur Verbesserung des Betriebsklimas bei." Sie suchen Sexkontakte zu Kolleginnen oder Kollegen! Oder Sie haben während der Arbeit Alkohol getrunken.

„… bewies stets Einfühlungsvermögen für die Belange der Belegschaft." Sie waren aufdringlich, mehr an zwischenmenschlichen Kontakten als an der Arbeit interessiert und der Arbeitgeber ist froh, Sie los zu sein.

„Wir wünschen ihr alles Gute, vor allem Gesundheit." Entwertung Ihres Zeugnisses durch eine ironische Formulierung, kann auch auf Suchtprobleme hinweisen.

„… für seine Mitarbeit bedanken wir uns." Gut, dass Sie das Unternehmen verlassen.

Achten Sie bei dem endgültigen Zeugnis darauf, dass es auf Geschäftspapier und ohne irgendwelche „Geheimzeichen" (kursiv gesetzte Schrift, Ausrufezeichen, Fragezeichen oder unverständliche Zusätze bei der Unterschrift, etwa kleine Striche, siehe Seite 72), ausgedruckt ist.

Der Umgang mit den eigenen Stärken und Schwächen

Wie Sie bisher gesehen haben, muss Ihr Zeugnis realistisch sein. Andererseits haben Sie vermutlich Hemmungen, sich uneingeschränkt selbst zu loben. Und was tun Sie, wenn die eine oder andere Leistung weniger gut ist? Sollen Sie dazu dann gar nichts schreiben? Mit anderen Worten: Wie gehen Sie mit Ihren eigenen Stärken und Schwächen um?

Oft sind es die selbst produzierten Stolpersteine, die uns daran hindern, unsere Stärken und Schwächen realistisch einzuschätzen. Die eigenen Ansprüche an die Arbeit und das Sozialverhalten bestimmen unsere eigene Wahrnehmung mehr als unser tatsächliches Verhalten. Sie glauben, über sich Bescheid zu wissen? Mit Sicherheit werden andere Menschen – Kollegen und Vorgesetzte – Sie anders beschreiben, als Sie sich wahrnehmen.

Wie aber können Sie eine realistische Einschätzung Ihrer Arbeitsleistung und Ihres Sozialverhaltens bekommen? Stellen Sie Fragen an sich selbst. „Ein Psychotest – das kenne ich!" Wenn Sie so reagieren und glauben, bereits alles über sich zu wissen, liegen Sie mit Sicherheit falsch. Haben Sie sich schon einmal klargemacht, wie Sie auf Ihre Umgebung wirken? Oft sind es die ersten Eindrücke, die das Bild prägen. Wenn Sie also zum Beispiel forsch auftreten, um zu kompensieren, dass Sie eigentlich eher schüchtern sind, dürfen Sie sich nicht wundern, wenn Sie auch forsch herangenommen werden. Ihre sensible Seite wurde nicht wahrgenommen und Sie fühlen sich wahrscheinlich durch das Verhalten Ihrer Kollegen verletzt. Zeigen Sie Ihre „schwache Seite", Ihre Sensibilität. Für jeden Umgang mit anderen Menschen gilt: Was wir sagen, ist zweitrangig. Wie wir es sagen, prägt sich ein.

> **UNSER TIPP**
>
> Seien Sie authentisch. Wenn Sie sich abrackern, um mit brillanten Formulierungen zu glänzen, hinterlassen Sie oft weniger Eindruck, als jemand, der von seinem Anliegen zutiefst überzeugt ist und diese Überzeugung auch vermittelt.

Sie werden keine Schwierigkeiten haben, offensichtliche Stärken zu benennen, allenfalls die Hemmung, ein solches Selbstlob auch zu Papier zu bringen. Übertreiben Sie es mit der positiven Selbstdarstellung nicht. Angeberei und Prahlerei kommen nicht gut an. Wenn es um die Verteilung von Arbeitsaufgaben geht oder wenn Sie innerhalb Ihrer Firma eine bessere Position anstreben, ist es völlig normal, wenn Sie mit Ihren Stärken nicht hinter dem Berg halten.

Aber Vorsicht: Wenn Sie sich auf Kosten Ihrer Kollegen profilieren, werden Sie bei einem wirklich guten Chef, der dieses Verhalten durchschaut, nichts erreichen. Und Ihre Kollegen haben Sie auch noch gegen sich aufgebracht. Wenn Sie sich manchmal ohne Rücksicht durchsetzen wollen, sollten Sie überlegen, ob dieser Wunsch womöglich aus fehlender Anerkennung resultiert.

Ihre Selbstdarstellung im Zeugnisentwurf muss positiv sein. Überwinden Sie deshalb Ihre Hemmungen. Hilfreich kann es sein, wenn Sie zwischen Ihren offensichtlichen Stärken – manuellen Fertigkeiten, Kompetenzen in einem bestimmten Arbeitsgebiet o. Ä. – und den weniger offensichtlichen Stärken unterscheiden. Weniger offensichtliche Stärken sind vielleicht folgende: Sie sind kommunikationsfähig, können Kollegen zur Arbeit motivieren oder Sie sind fröhlich und tragen zur positiven Arbeitsatmosphäre bei. Sicher fällt Ihnen noch mehr ein.

Wenn Sie die Bedienung einer Maschine perfekt beherrschen, wenn Sie schnell stenografieren oder ein Computerprogramm sehr gut anwenden können, ist das messbar. In solchen Fällen können Sie leicht feststellen: „Das kann ich." Schwerer fällt Ihnen bestimmt folgende Selbsteinschätzung: „Ich bringe andere Menschen durch meine ungezwungene Art oft zum Lachen." Oder: „Mein stabiles Selbstbewusstsein hat unsicheren Arbeitskollegen oft geholfen, selbst mehr Sicherheit in ihrer Arbeit zu finden." Gerade diese Dinge sind es, die Kollegen aus Ihrer Umgebung besser beurteilen können als Sie selbst. Scheuen Sie sich nicht, mit anderen darüber zu sprechen. Fragen Sie, welche Stärken bei Ihnen wahrgenommen werden. Vergleichen Sie die Antworten mit Ihrer Selbstwahrnehmung. Die Wahrheit wird wie so oft in der Mitte liegen.

Wenn Sie sich Ihre Selbstwahrnehmung bewusst gemacht und versucht haben, in Erfahrung zu bringen, wie andere Sie einschätzen, verfügen Sie damit über eine gute Grundlage, um Ihre Stärken in einem Arbeitszeugnis ohne Hemmungen positiv herauszustellen.

UNSER TIPP

Verlassen Sie sich nicht nur auf Ihre eigene Wahrnehmung. Insbesondere bei der Beschreibung emotionaler Stärken ist es hilfreich, auf die Einschätzungen anderer Menschen zu hören. Sie gewinnen auf diese Weise ein realistischeres Bild Ihrer Stärken.

Was für Ihre Stärken gilt, trifft natürlich auch auf Ihre schwachen Seiten zu. Nur dass hier Ihre Hemmschwelle vermutlich größer ist, sich diese Seiten einzugestehen. Dies geht fast allen Menschen so. Dennoch gibt es Wege, Ihre schwachen Seiten zu akzeptieren, ohne dass Sie dadurch unter mangelndem Selbstbewusstsein leiden müssen.

Zunächst müssen Sie sich klarmachen, dass es in der Wahrnehmung von Gefühlen und Emotionen niemals „falsch" oder „richtig" gibt. Jedes Verhalten beruht auf den individuellen Möglichkeiten eines Menschen, jeder handelt nach seinen eigenen Gesetzen. Das bedeutet nicht, alles als gut und unabänderlich anzusehen. Wenn Sie sich aber klarmachen, dass Sie so sind, wie Sie sind, weil Sie es so gelernt haben, können Sie auch Neues lernen. In einer Ausbildung lernen Sie normalerweise nur das, was Ihnen angeboten wird. Für alles, was darüber hinausgeht, müssen Sie selbst aktiv werden.

> **UNSER TIPP**
>
> Nehmen Sie Ihre schwachen Seiten nicht einfach als gegeben hin. Auf dem, was Sie sind und können, bauen Sie auf und können Neues lernen. Beides – Ihre vorhandenen Stärken und Ihr Wille, sich Neues anzueignen – macht Ihr Selbstbewusstsein aus.

Sie dürfen Fehler machen. Die uralte Weisheit „Aus Fehlern wird man klug" hat nichts an Aktualität verloren. Jeder Mensch macht Fehler, warum also nicht auch Sie? Entscheidend ist der konstruktive Umgang mit Fehlern. Das erreichen Sie, indem Sie nicht aufgeben, sondern sich eingestehen, dass Sie nicht perfekt sind. Sie werden sehen, dass diese Einsicht Ihnen hilft, auch Schwachpunkte in Ihrem Zeugnis zu formulieren.

Folgende kleine Übung erleichtert die Bestandsaufnahme: Machen Sie sich im wahrsten Sinne des Wortes „ein Bild von sich". Nehmen Sie ein Blatt Papier zur Hand, malen Sie sich in die Mitte und reihen Sie Ihre Stärken und Schwächen um sich herum auf. Auf diese Weise haben Sie vor Augen, wie Sie sich sehen. Die bildliche Darstellung hilft, eine Gewichtung in der Beschreibung Ihrer Stärken und Schwächen im Zeugnis zu finden.

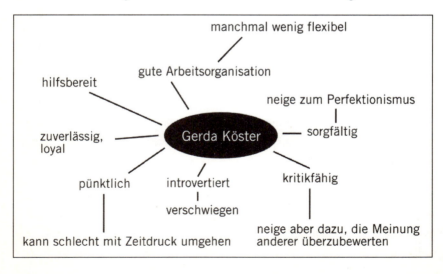

> **UNSER TIPP**
>
> Fehler zu machen, gehört zum Alltag eines jeden Menschen. Stehen Sie zu Ihren Fehlern, wie Sie auch Ihre Stärken akzeptieren. Dann bekommen Sie ein „rundes" Selbstbild und das ist die beste Voraussetzung für eine realistische Selbstdarstellung in Ihrem Zeugnis.

Umgang mit Kritik

Der Umgang mit den eigenen Schwächen wird wesentlich durch den Umgang mit Kritik geprägt. Wenn Sie „kritikfähig" sind, also faire Kritik üben und selbst berechtigte Kritik annehmen können, wirken Sie nicht nur auf Ihre Kollegen positiv. Kritikfähigkeit ermöglicht auch einen konstruktiven Umgang mit Ihren eigenen Schwächen. Deshalb im Folgenden einige Tipps, wie Sie sinnvoll Kritik üben:

- Kritisieren Sie nie die Person, wenn es um eine Sache geht.
- Verallgemeinern Sie niemals Ihre Aussagen, vermeiden Sie Begriffe wie „immer", „nie" oder „ständig".
- Lassen Sie andere prinzipiell ausreden, unterbrechen Sie nicht und hören Sie aufmerksam bis zum Ende zu.
- Lehnen Sie Ideen anderer nicht pauschal ab, sondern differenzieren Sie. Schlagen Sie selbst Alternativen vor, wenn Sie Ideen kritisieren.
- Üben Sie keinen Druck aus und drohen Sie anderen nicht nach dem Motto „wenn ... dann".
- Überlegen Sie, bevor Sie selbst Kritik üben, ob Sie etwas nicht ebenso falsch machen. Bauen Sie, wenn es angebracht ist, Selbstkritik in die von Ihnen geübte Kritik ein.

Können Sie Kritik nur schlecht annehmen, weil Sie ein festes, unverrückbares Bild von sich selbst haben, behindert Sie das in Ihrem Bemühen, Ihre Stärken und Schwächen zu entdecken. Tauchen in Zeugnissen Formulierungen auf, die auf Ihre mangelnde Fähigkeit zur Selbstkritik hinweisen, macht dies einen schlechten Eindruck auf künftige Arbeitgeber. Verwechseln Sie fehlende Annahme von Kritik nicht mit Standfestigkeit. Natürlich müssen Sie sich die Fähigkeit erhalten, auf Ihrem Standpunkt zu beharren. Standfestigkeit wirkt aber umso glaubwürdiger, je fähiger Sie sind, Selbstkritik zu üben und Kritik von anderen anzunehmen.

Zugegeben, Kritik anzunehmen ist nicht leicht. Um Kritik zu vermeiden, entwickeln wir in der Regel eine ganze Reihe von Verhaltensmustern. Diese führen aber nicht dazu, die Schwierigkeit im Umgang mit Kritik wirklich zu lösen. Im Folgenden werden solche fehlerhaften Haltungen genannt und es wird gezeigt, warum sie letztlich nicht zum Erfolg führen.

Fehler eins: Sie machen keine Fehler

Sie dürfen Fehler machen. Wenn Sie denken, dass die Menschen, mit denen Sie zu tun haben, weniger von Ihnen halten, wenn Sie Fehler machen, irren Sie. Es ist kein Zeichen von Schwäche, wenn Sie Fehler machen. Sie erscheinen weder dumm noch lächerlich. Vor allem: Versuchen Sie nicht, Fehler zu vertuschen, das macht alles nur noch schlimmer.

Fehler zwei: Sie tun so, als wenn Sie alles wüssten

Sie sind kein Alleskönner. Keiner ist ein Alleskönner. Sie sind nicht unfähig, wenn andere in bestimmten Situationen besser sind als Sie. Auch mit den eigenen Stärken anzugeben, kommt nicht gut an. Dahinter wird immer Schwäche vermutet. Geben Sie zu, wenn Sie etwas nicht wissen.

Fehler drei: Je weniger Sie von sich zeigen, desto besser

Sie haben nichts zu verbergen. Andere Menschen schätzen Ihre Offenheit, die in der Regel dazu führt, dass Sie für kommunikationsstark gehalten werden. „Geheimnisvolle" Menschen wirken nur auf den ersten Blick interessant, auf Dauer sind sie langweilig. Niemand wird etwas Persönliches gegen Sie verwenden. Und wenn, dann sollten Sie darüber stehen!

Fehler vier: Ihr Leben wird von den Verhältnissen beherrscht, Sie haben Ihr Leben nicht selbst in der Hand

Was Ihnen im Leben zustößt, hat in den seltensten Fällen ausschließlich mit äußeren Umständen zu tun. Sie haben Ihr Schicksal weitestgehend selbst in der Hand. Sie können sich ändern, wenn Sie wollen. Auch schon sehr lange bestehende Eigenschaften, Gewohnheiten oder Verhaltensweisen lassen sich verändern.

Fehler fünf: Sie wünschten, Sie wären jemand anders

Andere Menschen erscheinen Ihnen glücklicher und erfolgreicher, als Sie es sind. Sie wünschen sich, jemand anders zu sein. Dieser Wunsch ist nicht zu erfüllen. Verschwenden Sie keine Zeit mehr damit. Jeder Mensch hat seine Stärken und Schwächen. Nur wenn Sie Ihre akzeptieren, ohne sich aufzugeben, können Sie sich selbst verändern. Und darauf kommt es an.

Fehler sechs: Wenn andere sich über Sie aufregen, fühlen Sie sich schuldig

Es ist nur in Ihrem Interesse, wenn Sie sich danach verhalten, was Sie für richtig halten. Wenn andere sich darüber aufregen, ist das eigentlich nicht Ihr Problem, es sei denn, Sie haben anderen tatsächlich Unrecht getan. Haben Sie keine Angst, die Zuneigung anderer Menschen zu verlieren, wenn Sie sich so verhalten, wie es Ihnen entspricht. Dann wirken Sie authentisch und Sie werden die Sympathien anderer gewinnen.

Fehler sieben: Sie machen es anderen Menschen recht, um zu gefallen

Sie selbst sind der Maßstab, nicht die anderen. Sie gewinnen nicht den Respekt anderer, wenn Sie sich in allem nach ihnen richten. Im Gegenteil: Dadurch werden Sie leicht ausgenutzt. Außerdem wird es Ihnen niemand danken, wenn Sie Ihre eigenen Bedürfnisse immer hintanstellen.

Fehler acht: Sie zeigen den anderen, dass Ihre Ansichten besser sind

Alle Menschen können irren, auch Sie. Äußern Sie Ihre Meinung, ohne selbstgerecht zu wirken. Sie wirken nicht dümmer, wenn Sie vorsichtig formulieren. Im Gegenteil: Wenn Sie Ihre Meinungen zurückhaltend formulieren, führt das zum Gespräch, weil andere sich nicht dominiert fühlen.

Fehler neun: Sie riskieren nichts und gehen immer auf Nummer sicher

Wenn Sie nichts riskieren, gewinnen Sie auch nichts. Abwägen von Meinungen und Handlungen ist zwar sinnvoll, aber irgendwann müssen Sie sich entscheiden und handeln. Setzen Sie sich ruhig einmal in die Nesseln, anstatt immer nur abzuwarten. Machen Sie sich klar: Nichts passiert, wenn Sie es nicht in die Hand nehmen.

Fehler zehn: Sie sind völlig unabhängig und selbstständig

Das sind Sie nicht! Gerade in Ihrem Arbeitsleben sind Sie von Entscheidungsprozessen abhängig, auf die Sie in der Regel keinen Einfluss haben. Lehnen Sie deshalb Hilfe, die Ihnen angeboten wird, nicht ab. Konkurrieren Sie nicht unnütz mit anderen, das verfälscht Ihre eigene Selbstwahrnehmung. Auf Gespräche und Hilfe anderer angewiesen zu sein, bedeutet auch nicht, dass Sie schwach oder unterlegen sind. Ihre Stärke zeigen Sie dann, wenn Sie kooperieren, also fremde Unterstützung nutzen können.

Fehler elf: Sie gehen Problemen aus dem Weg, weil sie sich von selbst lösen

Das tun sie nicht! Es wird in der Regel nur noch schlimmer, wenn Sie Probleme nicht anpacken. Je eher Sie sich damit auseinander setzen, desto leichter sind Probleme zu lösen. Dies gilt für das Berufsleben ebenso wie für Ihren privaten Bereich.

Fehler zwölf: Sie wollen immer perfekt und vollkommen sein

Dadurch verbauen Sie sich alle Aufstiegschancen. Denn aus Angst, nicht gut genug zu sein, packen Sie viele Aufgaben gar nicht an und vermeiden jede Herausforderung. Sie sind kein Mensch zweiter Klasse, wenn Sie etwas nicht vollkommen beherrschen. Wer kann das schon? Absolvieren Sie lieber eine zusätzliche Weiterbildung, um den nächsten Karriereschritt vorzubereiten, als zu glauben, Sie wüssten schon alles.

Fehler dreizehn: Sie schließen von Kleinigkeiten auf den ganzen Menschen

Andere Menschen besitzen ebenso wie Sie ein großes Verhaltenspotenzial. Menschen sind schillernd, sie verhalten sich auch unerwartet. Aus einzelnen Äußerungen oder Verhaltensweisen auf den ganzen Menschen zu schließen, kann leicht in die Irre führen, sodass Ihr Bild von diesem Menschen mit der Realität wenig zu tun hat. Außerdem verscherzen Sie sich möglicherweise eine Freundschaft oder lernen nette Kollegen nicht richtig kennen. Haben Sie Geduld mit anderen und geben Sie ihnen eine faire Chance, auch zunächst unbekannte Seiten ihrer Persönlichkeit zu zeigen.

Fehler vierzehn: Sie glauben, einige Menschen seien besser als andere

Menschen haben unterschiedliche Fähigkeiten und sind prinzipiell verschieden. Ein besonders intelligenter Mensch ist nicht besser oder schlechter als jemand, der künstlerische Begabungen besitzt oder gute Leistungen in einer Sportart zeigt. Sie benötigen keine bestimmten Fähigkeiten, um besonders glücklich zu sein. Sie sind, wie Sie sind – mit all Ihren Mängeln und Ihrem Potenzial, das noch in Ihnen steckt. Und das geht allen anderen Menschen ebenso.

Fehler fünfzehn: Sie denken im Schema „entweder – oder"

Und dabei machen Sie den Fehler, zum Ideologen zu werden. Es gibt niemals nur eine Antwort auf Fragen, es gibt nicht nur Schwarz und Weiß. Nichts ist nur richtig, nichts ist nur falsch. Differenzierte Antworten auf Fragen geben zu können, ist die eigentliche Stärke. Das Gleiche gilt für Sie als Person. Sie sind nicht nur fähig oder unfähig, nicht nur beliebt oder unbeliebt, nicht nur stark oder schwach. Das Leben ist zu vielfältig, um ihm mit „entweder – oder" gerecht werden zu können.

Fehler sechzehn: Nur mit Leistung führen Sie ein erfülltes Leben

Ihr Leben – auch Ihr Berufsleben – besteht nicht nur aus Leistung. Zwar kommen Sie ohne Leistung nicht zum Ziel. Sie erreichen aber mehr, wenn Sie sich Pausen gönnen, wenn Sie Schwächen zeigen können. Und wenn Sie sich die Zeit nehmen, Ihre Dinge in Ruhe, aber dafür sorgfältig zu erledigen.

Fehler siebzehn: Die Ansichten anderer sind wichtiger als Ihre eigenen

Seien Sie auf gesunde Weise misstrauisch. Auch Chefs können irren. Prüfen Sie nach, was man Ihnen erzählt, wenn es um Wesentliches geht. Je mehr Sie anderen zeigen, dass Sie sich auf sich selbst verlassen, desto mehr Respekt wird Ihnen entgegengebracht. Lassen Sie sich nicht davon blenden, dass andere überzeugend auftreten. Dahinter kann sich durchaus Unsicherheit verstecken.

Das Schlüsselwort für Ihre Selbsteinschätzung heißt Selbstmanagement. Sie sind Herr über Ihr eigenes Schicksal, Sie müssen die wichtigen und unwichtigen Entscheidungen in Ihrem Leben allein treffen. Das schließt natürlich nicht aus, sich mit anderen zu besprechen, Rat einzuholen und auch einmal auf andere zu hören. Letztlich aber sind Sie es selbst, der allein die Verantwortung für Ihr Leben trägt. Wenn Sie etwas ändern wollen, wenn Sie Ihre berufliche Karriere planen, wenn Sie sich ein gutes Zeugnis schreiben wollen, müssen Sie die Dinge selbst in die Hand nehmen. Um etwas zu ändern, müssen Sie aktiv werden. Und mit der richtigen Einstellung zu Ihren Stärken und Schwächen wird Ihnen das auch gelingen.

Die Darstellung Ihrer Pluspunkte

Sie können gut formulieren? Schreiben Sie es auf. Sie beherrschen ein Computerprogramm perfekt? Das gehört in das Zeugnis. Prahlen Sie aber nicht mit Ihren Fähigkeiten, bleiben Sie auf dem Teppich. Nüchtern formulierte Stärken wirken überzeugender als aufgeblasene Beschreibungen von Tätigkeiten. Schreiben Sie also nicht in Ihr Zeugnis: „In der Anwendung von Word kann Herrn Kleinert keiner etwas vormachen." Formulieren Sie vorsichtiger: „Aufgaben mit Word erledigte Herr Kleinert routiniert und sicher zu unserer vollsten Zufriedenheit." Entsprechendes gilt für alle Bereiche Ihrer Fertigkeiten. In kreativen Berufen – bei Journalisten, Grafikern, Musikern, Werbefachleuten usw. – dürfen Sie schon einmal etwas blumiger formulieren. Begriffe wie „kreativ", „fantasievoll", „ausdrucksstark" haben dort durchaus ihren Platz. Maßvoll, aber deutlich – so kann die Losung für den sprachlichen Umgang mit Ihren Stärken lauten.

Gehen Sie auch ins Detail, wenn es Ihnen sinnvoll erscheint: „Insbesondere der Umgang mit Excel stach in der Arbeit von Herrn Kleinert hervor." Oder: „Speziallackierungen gehören zu den besonderen Stärken."

UNSER TIPP

Nicht übertreiben, nicht untertreiben, dabei deutlich Ihre Stärken benennen – so sollten Sie Ihre Fertigkeiten beschreiben. Aus einer solchen Darstellung können künftige Arbeitgeber ein genaues Bild Ihrer Arbeit gewinnen. Gleichzeitig bekommen sie einen Eindruck von Ihrer Selbsteinschätzung. Übertreibungen machen misstrauisch, Untertreibungen sind wenig aussagekräftig und lassen auf mangelndes Selbstbewusstsein und fehlende Durchsetzungskraft schließen.

Während Sie Ihre messbaren Stärken noch einigermaßen unbefangen darstellen können, wird es Ihnen schwerer fallen, Ihre positiven Verhaltenseigenschaften aufzuzählen. Verhältnismäßig einfach ist es noch, etwa folgende Formulierung in den Zeugnisentwurf aufzunehmen: „In Stresssituationen behielt Herr Feininger immer einen kühlen Kopf und ließ sich nicht aus der Ruhe bringen." Dagegen werden Sie vielleicht Hemmungen haben, wenn Sie beispielsweise Folgendes über sich sagen sollen: „Durch seine ausgleichende Art konnte Herr Feininger konstruktiv moderierend in Konfliktsituationen zur Erarbeitung von Problemlösungen beitragen." Doch gerade solche Fähigkeiten gewinnen zunehmend an Bedeutung. Arbeitgeber schätzen es, wenn Sie durch Ihr Sozialverhalten positiv auf das Betriebsklima einwirken und insbesondere dann, wenn Sie als Gruppenleiter tätig sind oder andere Führungspositionen innehaben, Ihre Mitarbeiter motivieren können, Konflikte im Sinne des Unternehmens schlichten oder durch Ihre Lust an der Arbeit zur größeren Effektivität einer Abteilung beitragen. Sie sollten also keine Hemmungen haben, auch solche positiven Eigenschaften in das Zeugnis aufzunehmen.

Sie lachen gerne, sind von Natur aus ein fröhlicher Mensch und nur schwer aus der Ruhe zu bringen? Dies könnte sich in Ihrem Zeugnis dann so lesen: „Frau Grothe trug als Gruppenleiterin durch ihre Ruhe und Ausgeglichenheit wesentlich dazu bei, dass Arbeitsprozesse zügig und konstruktiv erledigt werden konnten. Mit ihrer ungezwungenen, fröhlichen Art erzeugte sie bei ihren Mitarbeitern eine positive Grundstimmung in der Gruppe. Dadurch konnte sie wesentlich zur Schaffung eines produktiven Arbeitsklimas in ihrer Gruppe beitragen."

Wie bereits erwähnt, können Sie Ihre Hemmungen, auf diese Weise über sich zu schreiben, am ehesten durch Gespräche mit Freunden und Kollegen abbauen. Scheuen Sie sich nicht, danach zu fragen, wie Menschen aus Ihrer Umgebung Sie wahrnehmen. Wenn Sie über gute emotionale Fähigkeiten verfügen und diese in Ihrem Zeugnis auch benennen, ebnen Sie sich den Weg zu verantwortungsvollen Positionen.

> **UNSER TIPP**
>
> Positives Sozialverhalten ist für Ihre künftige Bewerbung ebenso wichtig wie Ihre fachlichen Fähigkeiten. Für Ihre Fähigkeiten und positiven Eigenschaften müssen Sie sich nicht schämen. Sie sind der Garant für eine berufliche Karriere. Achten Sie darauf, Ihre soziale Kompetenz ausführlich darzustellen.

Welcher Job-Typ sind Sie?

Mithilfe der folgenden Checkliste können Sie herausfinden, zu welchem Typ des Arbeitnehmers Sie gehören. Natürlich sind die Grenzen fließend, aber die Liste bietet Annäherungspunkte, die Sie in der Beschreibung Ihrer Arbeitsleistung und Ihres Arbeitserfolges verwenden können. Kreuzen Sie die Aussagen an, die auf Sie zutreffen. In der Auflösung finden Sie unter dem meistgewählten Symbol einige Hinweise zu Ihrem Job-Typ.

> **CHECKLISTE**
>
> | | |
> |---|---|
> | ▲ | Viele halten mich für introvertiert. |
> | • | Ich weise taktvoll auf Fehler hin. |
> | ▲ | Ich tüftele gern vor mich hin. |
> | + | 400 Seiten Ablage? Gut, ich mache es. |
> | ▲ | Ich stehe ungern im Mittelpunkt. |
> | • | Wenn ich nicht gelobt werde, vergeht mir schnell die Lust. |
> | ▲ | Probleme wecken meinen Ehrgeiz. |
> | + | Ich arbeite meist sehr korrekt. |
> | • | Ich leite oft die Gespräche. |
> | + | Ich kann nicht tatenlos herumsitzen. |
> | ▲ | Ich arbeite gern allein. |
> | # | Papiere wegwerfen? Nie! |
> | * | Herumtrödeln liegt mir nicht. |
> | • | Ich stehe gern im Mittelpunkt. |
> | # | Wer eine Telefonnummer sucht, kommt in der Regel zu mir. |
> | • | Ich arbeite ungern allein. |
> | # | Schlampereien machen mich rasend. |

#	Termine verpasse ich nie.
*	Unvorhergesehene Ereignisse machen den Tag erst schön.
•	Ich bin sehr begeisterungsfähig.
*	Ich kann mir Respekt verschaffen.
+	Ich arbeite schneller als andere.
*	Auch gegenüber Vorgesetzten kann ich mich gut behaupten.
#	Man kann nie genug Informationen haben.
*	Regeln engen mich ein.
▲	Wenn es der Sache dient, setze ich mich über Prinzipien hinweg.
+	Wer Probleme hat, kommt zu mir.
*	Ich reagiere manchmal heftig.
•	Ich erstelle die Konzepte, die Ausführung überlasse ich anderen.
#	Ich weiß immer, wo was liegt.
•	Ich kann Vorschläge gut verkaufen.
▲	Nicht jede meiner Ideen ist brauchbar, aber das stört mich nicht wirklich.
•	Ich treffe meine Kollegen auch gern nach Feierabend.
+	Lahme Kollegen nerven mich.
▲	Ich langweile mich ziemlich, wenn ich eine Arbeit ein zweites Mal machen muss.
+	Unerledigtes gibt es bei mir nicht.
•	Unter Stress blühe ich auf.
+	Pünktlich Feierabend? Das ist mir nicht so wichtig.
#	Ich verstehe mich gut mit allen aus meinem Team.

In der Realität gibt es niemals den klassischen Typ, der einem Verhaltensmuster völlig entspricht. Wenn Sie jetzt also unter dem Symbol nachlesen, das Sie am häufigsten angekreuzt haben, denken Sie nicht, dass Sie der beschriebene Typ in Reinkultur wären.

▲ Sie sind ein kreativer Kopf

Ihre Stärken liegen darin, Probleme zu lösen und Ideen zu entwickeln. „Geht nicht" – das kommt Ihnen kaum über die Lippen. Aber Sie wollen Ihre oft ungewöhnlichen Vorschläge nicht selbst in die Tat umsetzen, für Kleinkram sind Sie nicht zu haben. Ruhm ist Ihnen unwichtig: Wenn andere Kollegen lobend erwähnen, dass eine Lösung von Ihnen kommt, ist Ihnen das eher peinlich.

Sie sind ein Ordnungsliebhaber

Sie halten ausgesprochen viel von Disziplin. Sie sind derjenige, der nie etwas verlegt, jeden an Termine erinnert und an jeden Geburtstag denkt. Sie werden von allen respektiert, denn man kann sich vollkommen auf Sie verlassen. Dadurch, dass Sie immer alle Unterlagen sammeln, können Sie manch anderem mit Ihrem Archiv weiterhelfen.

* Sie machen Tempo

Sie sind ein Energiebündel und kommen bei Stress so richtig in Fahrt. Sie wollen Ergebnisse sehen und treiben träge Kollegen an. Endlosdiskussionen ertragen Sie nicht und greifen deshalb leitend ein. Sie scheuen kaum eine Konfrontation. Oft reagieren Sie daher impulsiv und ungeduldig, ohne Erfolgserlebnisse lässt Ihre Motivation schnell nach.

● Sie sind ein Diplomat

Soll für das Team etwas durchgeboxt werden, schickt man Sie in den Ring. Sie gehen diplomatisch vor wie kaum ein anderer. So begeistert, wie Sie von neuen Projekten erzählen, wirkt das selbst auf unmotivierte Kollegen ansteckend. Sobald aber das Projekt angeschoben ist, verlieren Sie schnell das Interesse daran.

+ Sie sind ein Arbeiter

Aufschieben kennen Sie nicht. Sie arbeiten hart und systematisch. Und wenn ein Job zu vergeben ist, um den sich niemand reißt, sind Sie es, der sich schließlich doch meldet. Ihre Gutmütigkeit wird leider manchmal ausgenutzt, weil Ihre Kollegen wissen, dass Sie Missstimmungen nicht ertragen. Sie spüren jedoch auch als Erster, wenn jemand Probleme hat, und gehen auf ihn zu.

Die geschickte Verpackung Ihrer Schwachpunkte

Sie kennen es aus der Werbung: Die Verpackung ist oft fast ebenso wichtig wie der Inhalt. Auf das Zeugnis übertragen bedeutet das: Durch geschickte Darstellung können Sie auch weniger überzeugende Leistungen positiv erscheinen lassen.

Wenn Sie Ihre Hemmungen überwinden können, sprechen Sie auch mit Kollegen und Freunden darüber. Sie werden sehen: Je unbefangener Sie sich mitteilen, desto selbstverständlicher gelingt es Ihnen, Ihre Schwächen auch im Zeugnis zu thematisieren. Wie schon gesagt: Mit Schwachstellen muss sich jeder Mensch herumschlagen. Sie brauchen sich also nicht zu schämen, diese auch zur Sprache zu bringen. Es fragt sich nur, wie Sie dabei am besten vorgehen, ohne sich zu schaden.

Zunächst wirkt es immer positiv, wenn Sie zu Ihren Schwächen stehen können. Wenn Sie Schwierigkeiten haben, Kontakt zu den Kollegen aufzunehmen und sich in die Gruppe zu integrieren, schreiben Sie nicht: „Herr Kümmerer ist kontaktarm und weicht fachlichen Gesprächen mit Kollegen aus." Dies wäre der Inhalt ohne Verpackung. Möglich wäre dagegen folgende Formulierung:

Herr Kümmerer hat noch mit Schwierigkeiten zu kämpfen, sich unbefangen in seiner Gruppe zu äußern. Er erkennt jedoch immer mehr, dass die Arbeitsproduktivität der Gruppe steigt, wenn er sich z. B. an der Kommunikation innerhalb der Gruppe aktiv beteiligt. Hier hat Herr Kümmerer im Laufe der Zeit unübersehbare Fortschritte gemacht und damit zum erfolgreichen Arbeitsablauf beigetragen.

Ein gegenteiliges Beispiel. Sie sind überaktiv, wollen immer Recht behalten und lassen andere kaum zu Wort kommen? Schreiben Sie nicht: „Herr Meinhardt lässt durch seine Rechthaberei Kollegen kaum zu Wort kommen und stört dadurch den Ablauf zügiger und fachgerechter Arbeitsprozesse." Schreiben Sie stattdessen:

Herr Meinhardt neigt manchmal dazu, seine Meinung überzubetonen. Zugleich ist ihm dieses Problem aber bewusst und er verschließt sich der Kritik seiner Kollegen nicht.

Der Tenor in den geschickt formulierten Aussagen ist durchaus positiv, ohne dass Sie das Problem verschweigen. Voraussetzung für diese Vorgehensweise ist jedoch, dass Sie sich bereitwillig mit Ihren Schwächen auseinander setzen und keine Scheu haben, sich der Kritik auch zu stellen und mit ihr umzugehen.

Auch auf fachlicher Ebene ist es sinnvoll, offenkundige Schwächen von vornherein zu benennen. Es nutzt Ihnen nichts, wenn Sie sich ein fachlich gutes Zeugnis ausstellen, Ihr neuer Arbeitgeber in der Probezeit jedoch feststellt, dass Ihre Kenntnisse nicht dem Zeugnisinhalt entsprechen und falsche Angaben gemacht wurden.

Sie haben als Programmiererin Schwierigkeiten mit der eigenständigen Entwicklung von mathematischen Lösungen, sind dafür aber besonders gut in deren technischer Umsetzung? Wenn Sie schreiben: „Frau Gleiwitz kann keine eigenständigen mathematisch-technischen Lösungen erarbeiten. Lediglich in der technischen Umsetzung ihr vorgegebener Aufgabenstellungen arbeitet sie zuverlässig", wirft dies ein unnötig schlechtes Bild auf Ihre Fertigkeiten. Schreiben Sie stattdessen:

Frau Gleiwitz ist in der Lage, ihr vorgegebene mathematische Lösungen schnell und zuverlässig umzusetzen. Dies genügt ihr auf Dauer aber nicht. Sie möchte künftig auch eigenständig mathematisch-technische Lösungen entwickeln.

Damit legen Sie den Schwerpunkt auf Ihre Lernbereitschaft und vermitteln ein eindeutig positiveres Bild Ihrer Leistung, und zwar ohne dass Sie Ihre Schwachstelle verbergen.

> **UNSER TIPP**
>
> Formulieren Sie Ihre Schwachstellen in dem Zeugnis so, dass Sie Ihrer Unzulänglichkeit ein positives Bemühen gegenüberstellen. Sie sollten vermeiden, dass sich dem Leser vor allem Ihre Unfertigkeit einprägt. Stattdessen unterstreichen Sie durch eine positive Ergänzung Ihre Lernbereitschaft und erwecken dadurch positive Einstellungen.

Natürlich können Sie Schwachpunkte auch einfach verschweigen. Überlegen Sie jedoch genau, ob eine schwache Leistung womöglich in der Probezeit bei Ihrem neuen Arbeitgeber zum Vorschein kommt und ob es nicht besser ist, Ihren zukünftigen Chef „vorzuwarnen". Außerdem kann Ihr Zeugnis unvollständig und deshalb etwas unglaubwürdig klingen, wenn Sie wichtige Punkte aussparen. Wenn dagegen auch Schwächen benannt werden, wirkt Ihr Zeugnis sehr viel authentischer. Und schließlich schätzen es die meisten Arbeitgeber, wenn ihr neuer Mitarbeiter eine realistische Selbsteinschätzung hat, sich seiner Mängel bewusst ist und damit umgehen kann.

Checkliste zur Selbsteinschätzung

Die folgende Liste soll Ihnen Anhaltspunkte dafür liefern, wie Sie sich selbst am besten einschätzen können. Mehr als Anhaltspunkte kann die Liste allerdings nicht bieten, sie ist nicht vollständig und in ihrer Allgemeinheit nicht auf Sie persönlich zugeschnitten. Enthalten sind Standards, die Sie beachten sollten. Denken Sie darüber nach, ob Ihnen noch mehr einfällt, was zu Ihrer Person passt und Sie selbst treffender beschreiben.

CHECKLISTE

- ✓ Komme ich pünktlich zur Arbeit?
- ✓ Dehne ich meine Pausen über die mir zustehende Zeit aus?
- ✓ Verlasse ich meinen Arbeitsplatz vor dem Feierabend?
- ✓ Halte ich an meinem Arbeitsplatz eine übersichtliche Ordnung?
- ✓ Erledige ich mir übertragene Aufgaben korrekt?
- ✓ Ist es mir gleichgültig, ob sich in meine Arbeitsergebnisse kleine Fehler einschleichen?
- ✓ Picke ich mir immer nur die Rosinen heraus oder kann ich langweilige Dinge ebenso gründlich erledigen wie interessante Aufgaben?
- ✓ Arbeite ich stur nach dem, was mir vorgegeben wird?
- ✓ Bringe ich eigene Ideen ein?
- ✓ Halte ich Absprachen ein?
- ✓ Genügt mir meine Arbeit oder will ich mehr Verantwortung übernehmen?
- ✓ Kann ich meine eigene Arbeitsplanung einhalten?
- ✓ Verpasse ich Termine?
- ✓ Halte ich mich an die Büroregeln?
- ✓ Schiebe ich Arbeit vor mir her?
- ✓ Sinkt meine Leistung in Stresssituationen?
- ✓ Traue ich mich, konstruktive Kritik zu üben?
- ✓ Bin ich in der Lage, Kritik anzunehmen und Fehler einzugestehen?
- ✓ Bin ich offen für Probleme meiner Kollegen?
- ✓ Kann ich zugunsten meiner Kollegen zurückstecken, wenn es sein muss?
- ✓ Stehe ich gern im Mittelpunkt?
- ✓ Empfinde ich Kollegen aus meinem Arbeitsbereich als Konkurrenten?
- ✓ Bin ich in der Lage, eigene Ideen ins Team einzubringen, ohne auf meinen persönlichen Erfolg zu achten?
- ✓ Wechsle ich mit meinen Kollegen auch einmal ein privates Wort?
- ✓ Kann ich mich klar und verständlich ausdrücken?
- ✓ Habe ich Hemmungen, Gedanken auszusprechen, die die Arbeit voranbringen würden?
- ✓ Benötige ich viel Lob, um gerne zu arbeiten?
- ✓ Kapituliere ich leicht vor Problemen?

CHECKLISTE ZUR SELBSTEINSCHÄTZUNG

- ✓ Kann ich mich gegenüber Vorgesetzten behaupten, wenn ich mich ungerecht behandelt fühle?
- ✓ Behandele ich meine Untergebenen einheitlich fair?
- ✓ Bin ich flexibel genug, um mich auch über Prinzipien hinwegzusetzen?
- ✓ Kann ich mich auf unvorhergesehene Ereignisse und Neuerungen einstellen?
- ✓ Lasse ich mich für neue Arbeitsaufgaben begeistern?
- ✓ Kann ich mir gegenüber Kollegen und Untergebenen Respekt verschaffen?
- ✓ Informiere ich mich selbstständig über Neuentwicklungen in meiner Branche?
- ✓ Nehme ich freiwillig an Weiterbildungsmaßnahmen teil?
- ✓ Begreife ich mir neue Dinge schnell?
- ✓ Bin ich ängstlich im Umgang mit meinen Kollegen?

UNSER TIPP

Beantworten Sie die Fragen möglichst ehrlich. Wenn Sie nicht zu viele Hemmungen haben, setzen Sie sich ruhig auch mit Arbeitskollegen zusammen und gehen Sie diese Fragen durch. Sie werden erstaunt sein, wie oft sich Ihre eigene Wahrnehmung von der Ihrer Kollegen unterscheidet.

Geheimcodes im Zeugnis

Bevor Sie mit der Formulierung Ihres eigenen Zeugnisses beginnen, sollten Sie sich mit den gängigen Zeugnisformulierungen vertraut machen. Das Bundesarbeitsgericht und der Bundesgerichtshof haben schon vor Jahren Standards für die Formulierungen in Zeugnissen gesetzt. Die Gerichtsentscheidungen besagen, dass der Inhalt der Zeugnisse zum einen wahr sein muss, zum anderen von Wohlwollen dem Arbeitnehmer gegenüber getragen sein soll. Ein Dilemma: Wie wollen Sie – vor allem bei negativem Arbeitsverhalten – einerseits die Wahrheit schreiben und andererseits dies für den Arbeitnehmer wohlwollend tun?

Dieses Dilemma hat dazu geführt, dass sich im Laufe der Jahre eine „Geheimsprache" herausgebildet hat, die mittlerweile jedoch allgemein bekannt ist. Darin werden Inhalte quasi „verschlüsselt", also so dargestellt, dass die Formulierungen positiv klingen, aber eine weitreichend negative Bedeutung haben können. Wenn Sie also Ihr Zeugnis selbst schreiben, sollten Sie diese Sprache kennen und nicht ohne Grund davon abweichen, denn mittlerweile kennt jeder Arbeitgeber diese Sprache und wird daher bei „fremden" Formulierungen zunächst misstrauisch werden.

> **UNSER TIPP**
>
> Halten Sie sich bei der Formulierung Ihres Zeugnisses weitestgehend an die allgemein üblichen Standardformulierungen. Natürlich sollten Sie gleichzeitig darauf achten, dass Sie Ihrem Zeugnis eine individuelle Note geben. Dabei ist aber Vorsicht geboten: Sie können sich durch unbedachte, gut gemeinte Formulierungen selbst Stolpersteine in den Weg legen, ohne es zu ahnen.

Im Folgenden finden Sie einige Beispiele für gängige Formulierungen, die eigentlich positiv klingen, die aber in der „Geheimsprache" katastrophale Bedeutungen haben:

„**… bewies stets Einfühlungsvermögen für die Belange der Belegschaft."** Mit diesem Satz ist nichts anderes gemeint, als dass sich der Zeugnisinhaber während der Arbeitszeit um sexuelle Kontakte in seiner Firma bemühte.

„**… hat durch seine gesellige Art zur Verbesserung des Betriebsklimas beigetragen."** Die beschriebene „gesellige Art" bezeichnet die Schwäche für Alkohol. Dieser Mitarbeiter ist einem guten Tropfen nicht abgeneigt.

„**… war sehr tüchtig und wusste sich gut zu verkaufen."** Dieser Satz bezeichnet einen sehr rechthaberischen und unangenehmen Wichtigtuer.

„**… delegierte mit vollem Erfolg."** Diese Formulierung beschreibt einen Drückeberger, der immer wieder Wege findet, sich erfolgreich vor jeder Arbeit zu drücken.

„**… bemühte sich."** Dies bedeutet ganz einfach: Vielleicht war er/sie ja willens, geschafft hat er/sie es aber nicht.

Werden Selbstverständlichkeiten wie zum Beispiel „Pünktlichkeit" oder „Verständnis für die Arbeit" erwähnt, ist auch das eher eine Abwertung.

Wird das Sozialverhalten eines Mitarbeiters im Zeugnis besonders herausgestellt, bescheinigt das eine schlechte Arbeitsleistung.

Schließlich gibt es noch einige perfide Signale, die die Gesinnung eines Mitarbeiters erkennen lassen. Kleine Striche oder scheinbar zufällig gesetzte Punkte neben der Unterschrift des Zeugnisschreibers sind Hinweise auf eine politische oder gewerkschaftliche Tätigkeit des Zeugnisempfängers.

Leistungsbewertung

Die folgenden Formulierungen kennzeichnen die verschiedenen Bewertungsstufen von der Note 1 bis zur Note 6.

Sehr gute Leistungen

… hat die ihm übertragenen Aufgaben stets zu unserer vollsten Zufriedenheit erledigt.
… waren stets mit seinen Leistungen außerordentlich zufrieden.
… hat unsere Erwartungen immer und in allerbester Weise erfüllt.
… waren wir mit seinen Leistungen immer in jeder Hinsicht außerordentlich zufrieden.
… haben seine Leistungen stets in jeder Hinsicht unsere volle/vollste Anerkennung gefunden.
… arbeitete stets gewissenhaft und pflichtbewusst und erledigte alle Arbeiten schnell, umsichtig und erfolgreich.
… Leistungen waren stets sehr gut.

Gute Leistungen

… hat die ihm übertragenen Aufgaben stets zu unserer vollen Zufriedenheit erledigt.
… Leistungen waren voll und ganz zufrieden stellend.
… hat unseren Erwartungen in jeder Hinsicht entsprochen.
… Leistungen fanden stets unsere volle Anerkennung.
… waren mit seinen Leistungen voll und ganz zufrieden.
… haben seine Leistungen unsere volle Anerkennung gefunden.

Befriedigende Leistungen

... hat die ihm übertragenen Aufgaben zu unserer vollen Zufriedenheit erledigt.
... waren wir mit seinen Leistungen voll/jederzeit zufrieden.
... hat unseren Erwartungen in jeder Hinsicht entsprochen.
... waren mit seiner Leistung jederzeit zufrieden.
... Leistungen waren stets zufrieden stellend.

Ausreichende Leistungen

... hat die ihm übertragenen Aufgaben stets zu unserer Zufriedenheit erledigt.
... waren wir mit seinen Leistungen zufrieden.
... hat unseren Erwartungen entsprochen.
... mit Herrn/Frau ... waren wir zufrieden.
... hat zufrieden stellend gearbeitet.

Mangelhafte Leistungen

... hat die ihm übertragenen Aufgaben im Großen und Ganzen zu unserer Zufriedenheit erledigt.
... hat unsere Erwartungen größtenteils erfüllt.
... führte die ihm übertragenen Aufgaben mit großem Fleiß und Interesse durch.
... haben seine Leistungen weitgehend/größtenteils unseren Erwartungen entsprochen.
... war stets bemüht, unseren Anforderungen gerecht zu werden.
... machte sich mit großem Eifer an die ihm übertragenen Aufgaben heran.

Ungenügende Leistungen

… hat sich bemüht, die ihm übertragenen Aufgaben zu unserer Zufriedenheit zu erledigen.
… hat sich bemüht, unseren Erwartungen/unseren Anforderungen zu entsprechen.
… bemühte sich, die ihm übertragenen Aufgaben zufrieden stellend zu erledigen.
… hatte Gelegenheit, die ihm übertragenen Aufgaben zu erledigen.
… hat sich nach Kräften bemüht, die Leistungen zu erbringen, die wir an diesem Arbeitsplatz normalerweise erwarten.
… erfasste das Wesentliche und bemühte sich um sinnvolle Lösungen.

Führungsbeurteilung

Im Folgenden finden Sie eine Aufstellung von Formulierungen, die die unterschiedlichen Bewertungsstufen beschreiben.

Sehr gute Führung

Sein Verhalten zu Vorgesetzten, Arbeitskollegen, Mitarbeitern und Kunden war stets vorbildlich.
Sein kollegiales Wesen sicherte ihm stets ein sehr gutes Verhältnis zu Vorgesetzten und Mitarbeitern.
Er wurde von Vorgesetzten, Kollegen und Kunden als freundlicher und fleißiger Mitarbeiter geschätzt.
Sein Verhalten zu Vorgesetzten, Arbeitskollegen und Kunden war stets einwandfrei.

Gute Führung

Sein Verhalten zu Vorgesetzten, Arbeitskollegen, Mitarbeitern und Kunden war vorbildlich.
Sein kollegiales Wesen sicherte ihm stets ein gutes Verhältnis zu Vorgesetzten und Mitarbeitern.
Sein Verhalten zu Vorgesetzten, Arbeitskollegen und Kunden war einwandfrei.

Befriedigende Führung

Sein Verhalten zu Mitarbeitern und Vorgesetzten war vorbildlich (Vorgesetzter wird an zweiter Stelle genannt, darum befriedigende Beurteilung).
Sein Verhalten zu Arbeitskollegen und Vorgesetzten war einwandfrei.
Sein Verhalten gegenüber Vorgesetzten und Kollegen gab zu Klagen keinen Anlass.

Ausreichende Führung

Bei der ausreichenden Beurteilung wird nur der Vorgesetzte oder nur der Kollege genannt:

Sein Verhalten zu Vorgesetzten war vorbildlich.
Sein Verhalten zu Mitarbeitern war einwandfrei.
Sein Verhalten zu Arbeitskollegen war kameradschaftlich und hilfsbereit, das zu seinen Vorgesetzten korrekt.
Seine Führung gegenüber Vorgesetzten gab zu Beanstandungen keinen Anlass.

Mangelhafte und ungenügende Führung

Die Abgrenzung bei der Beurteilung der Führung zwischen mangelhaft und ungenügend ist fließend. Auch hier kommen die Mängel durch Weglassen zum Ausdruck:

Sein persönliches Verhalten war insgesamt einwandfrei.
Sein persönliches Verhalten war insgesamt tadellos.
Er galt als kollegialer und freundlicher Mitarbeiter.
Er wurde im Mitarbeiterkreis als umgänglicher Kollege geschätzt.

Negative Aussagen mit spezieller Bedeutung

Weiter oben haben wir bereits einige Zeugnisformulierungen kennen gelernt, die besonders nachteilig sind. Im Folgenden ist eine erweiterte Liste abgedruckt, die Sie kennen sollten, wenn Sie sich daran machen, Ihr Zeugnis selbst zu schreiben.

Herr Fritz hat alle Arbeiten mit großem Fleiß und Interesse erledigt.
Er war zwar eifrig, hat aber nicht viel auf die Reihe gebracht.

Herr Fritz hat sich im Rahmen seiner Fähigkeiten eingesetzt.
Er hat zwar getan, was in seinen Kräften stand, das aber war nicht viel.

Wegen seiner Pünktlichkeit war Herr Fritz immer ein gutes Vorbild für seine Kollegen.
Seine Leistungen lagen weit unter dem betrieblichen Durchschnitt.

Herr Fritz zeigte Verständnis für die Arbeit.
Mit anderen Worten: Er war faul und hat nichts Produktives geleistet.

Herr Fritz war mit Interesse bei der Sache.
Er hat sich zwar angestrengt, das hat aber nicht gereicht.

Herr Fritz hat sich im Rahmen seiner Fähigkeiten eingesetzt.
Diese Fähigkeiten können nicht sehr groß gewesen sein.

NEGATIVE AUSSAGEN MIT SPEZIELLER BEDEUTUNG

Herr Fritz hat sich bemüht, den Anforderungen gerecht zu werden.
Er hat schlichtweg versagt.

Herr Fritz hat alle Arbeiten ordnungsgemäß erledigt.
Er hat überhaupt keine Eigeninitiative gezeigt.

Herr Fritz erledigte die ihm übertragenen Arbeiten mit Fleiß und war stets willens, sie termingerecht zu beenden.
Er hat absolut unzureichende Leistungen gezeigt.

Herr Fritz war sehr tüchtig und wusste sich gut zu verkaufen.
Er war ein unangenehmer, arroganter Mitarbeiter.

Für die Belange der Belegschaft bewies Herr Fritz immer umfassendes Verständnis.
Er war im Betrieb mehr an zwischenmenschlichen Kontakten als an der Arbeit interessiert.

Im Kollegenkreis galt er als toleranter Mitarbeiter.
Mit seinen Vorgesetzten hatte er dagegen Schwierigkeiten.

Herr Fritz verfügt über Fachwissen und zeigt ein gesundes Selbstvertrauen.
Er äußert sich großspurig und verbirgt dahinter mangelnde Fachkenntnisse.

Herr Fritz war Neuem gegenüber immer aufgeschlossen.
Er konnte es aber nicht anwenden.

Herr Fritz verstand es, Aufgaben mit Erfolg zu delegieren.
Er selbst hat kaum gearbeitet, sondern sich häufig gedrückt.

Herr Fritz hat sich allen Aufgaben mit Begeisterung gewidmet.
Dabei hatte er jedoch keinen Erfolg.

Herr Fritz hat bewiesen, dass er ein guter Verkäufer sein kann.
Das ist dann aber die Ausnahme gewesen.

Wir haben Herrn Fritz als einsatzwilligen und sehr beweglichen Mitarbeiter kennen gelernt, der stets bemüht war, die ihm übertragenen Aufgaben zur vollsten Zufriedenheit in seinem Interesse und im Interesse der Firma zu lösen.
Achtung! Der Mitarbeiter hat seinen Arbeitgeber bestohlen.

Herr Fritz war stets bemüht, sein Bestes zu geben. Seine Aufgaben betreute er mit großer Sachkenntnis und Interesse. Freundlich, hilfsbereit und loyal ist sein Verhalten gegenüber Vorgesetzten immer ohne Tadel gewesen. Sehr gute charakterliche und menschliche Eigenschaften machten ihn zu einem beliebten Mitarbeiter.
Er taugt nicht zum Vorgesetzten.

Aufgrund der anpassungsfähigen und freundlichen Art war Herr Fritz im Betrieb sehr geschätzt.
Er hatte während der Arbeitszeit Probleme mit Alkohol.

> **UNSER TIPP**
>
> Wohlklingende Formulierungen tragen nicht unbedingt zu Ihrem guten Ruf bei. Achten Sie deshalb beim Selbstschreiben darauf, dass Sie nicht unbedacht stereotype Aussagen verwenden, mit denen Sie sich – ohne es zu wissen – ein Bein stellen.

Berufstypische Beurteilungsformulierungen

Abhängig von Ihrem Beruf verwenden Sie naturgemäß unterschiedliche Formulierungen zur Charakterisierung Ihrer Fähigkeiten und Fertigkeiten. Handwerkliche Berufe unterscheiden sich von geistigen Berufen, helfende Berufe von Finanzdienstleistungen, angelernte Berufe von denen mit qualifizierter Ausbildung. Die folgenden Merkmale sollen Ihnen eine Hilfestellung geben, für Ihren Beruf die richtigen und gängigsten Begriffe zu finden. Die Liste soll Sie aber nicht davon abhalten, Ihrer eigenen Fantasie und Kreativität in der Beschreibung Ihrer Arbeitsleistung Raum zu geben.*

Angelernte Kraft
Aufmerksamkeit, Auffassungsgabe, Arbeitstempo, Arbeitsmenge, Zuverlässigkeit, Unfallsicherheit, soziales Verhalten

Ausbilder
Pädagogische Fähigkeiten, Ausdauer, Fachbeherrschung, Urteilsvermögen, Menschenkenntnis, Lernbereitschaft, Führungseigenschaften, Wille, Einsatzbereitschaft, Verantwortungsbewusstsein, Denkvermögen, Wendigkeit, Arbeitsgesinnung, Umgangsformen, soziales Verhalten, Verhalten im Unterricht, Zuverlässigkeit

---

* Quelle: H. Raschke, Taschenbuch für Personalbeurteilung, Heidelberg 1974

Außendienstmitarbeiter
Verkaufsgeschick, sicheres Auftreten, mündliche Ausdrucksfähigkeit, Überzeugungskraft, Ausdauer, Planen und Organisieren, Beharrlichkeit, Lernfähigkeit, Flexibilität, Frustrationstoleranz, Markt- und Warenkenntnisse, Informationsbeschaffung und -auswertung, Eigenmotivation, Erfolg

Auszubildender
Auffassungsgabe, Lernwilligkeit, Fleiß, Arbeitsverhalten, Arbeitsausführung, Initiative, Ordnung, Pünktlichkeit, soziales Verhalten, Berichtsheft, besondere Eignung, Einsatzbereitschaft

Buchhalter
Sorgfalt, Ordnung, Fachwissen, Ausdauer, Verantwortungsbewusstsein, Selbstvertrauen, Zuverlässigkeit, Rechnen

Einkäufer
Fachbeherrschung, Fachkenntnisse, Wissen, Aufmerksamkeitsumfang, Denken, Geistesart, Merkfähigkeit, Gedächtnis, Persönlichkeit, Menschenkunde, Wendigkeit, Umgangsformen, Verhandlungsgeschick, Wille, Widerstandsfähigkeit, Vertrauenswürdigkeit, Ordnung

Empfangschef
Wendigkeit, Konzentration, Verhandlungsgeschick, Menschenkenntnis, Menschenbehandlung, Umgangsformen, Fremdsprachen, erster Eindruck, Aufmerksamkeit, Zuverlässigkeit, soziales Verhalten, Anpassung, Aufmerksamkeitsumfang, Denken, Wille, Kontaktfähigkeit, Selbstgefühl, Persönlichkeit, Äußeres

Fabrikarbeiter
Aufmerksamkeit, Auffassungsgabe, Arbeitstempo, Arbeitsmenge, Zuverlässigkeit, Unfallsicherheit, soziales Verhalten

Fernfahrer
Fachkenntnisse, Anstrengungsbereitschaft, Aufmerksamkeit, Berufserfahrung, Ehrlichkeit, Einsatzbereitschaft, allgemeiner Gesundheitszustand, körperliche Leistungsfähigkeit, Selbstständigkeit, Unfallsicherheit, Verhalten bei Fehlern, Zuverlässigkeit

Fertigungsingenieur
Aufmerksamkeitsumfang, Urteilsvermögen, Dispositionsvermögen, Organisationsgabe, Denkvermögen, Fachkenntnisse, Führungseigenschaften, Menschenkenntnis, wirtschaftliches Denken, Einsatzbereitschaft, Entschlussfähigkeit

Führungskraft
Führungseigenschaften, pädagogische Fähigkeiten, Verhandlungsgeschick, Umgangsformen, Kontaktfähigkeit, Organisationsgabe, Menschenkenntnis, Dispositionsvermögen

Grafiker
Schöpferische Begabung, Geschicklichkeit, Sorgfalt, Arbeitsgüte, Arbeitstempo, Selbstständigkeit, Sicherheit, Vorstellungsvermögen, Teamarbeit

Handwerker
Geschicklichkeit, Sorgfalt, Zuverlässigkeit, Arbeitsplanung, Selbstständigkeit, Verhalten gegenüber Gleichgestellten, Kostenbewusstsein, Unfallsicherheit, Arbeitsgüte, Arbeitsmenge

Ingenieur, praktischer
Aufmerksamkeitsumfang, Urteilsvermögen, Dispositionsvermögen, Organisationsgabe, Denkvermögen, Fachkenntnisse, Führungseigenschaften, Menschenkenntnis, wirtschaftliches Denken, Einsatzbereitschaft, Entschlussfähigkeit

Kassierer
Ehrlichkeit, Zuverlässigkeit, Vertrauenswürdigkeit, Ordnung, Sorgfalt, Selbstvertrauen, Einsatzbereitschaft, Denken, Konzentration, Umgangsformen, Merkfähigkeit, Gedächtnis, körperlicher Zustand, Menschenkenntnis

Kaufmann, technischer
Verhandlungsgeschick, Kontaktfähigkeit, Umgangsformen, Menschenkenntnis, Gedächtnis, Sprache, Bildungsgrad, Intelligenz

Kolonnenführer
Fachbeherrschung, Organisationsgabe, Dispositionsvermögen, Menschenkenntnis, Umgangsformen, wirtschaftliches Denken, Führungseigenschaften, Verantwortungsbereitschaft, Urteilsvermögen, Wille

Konstrukteur
Schöpferische Begabung, Denken, Vorstellungsvermögen, Urteilsfähigkeit, Fachkenntnisse, Berufserfahrung, Wendigkeit, Zusammenarbeit, Selbstständigkeit, geistige Anlagen, Arbeitseinteilung, Ausdauer

Korrespondent
Ausdruck, Konzentration, geistige Regsamkeit, Menschenkenntnis, Organisationsgabe, Dispositionsvermögen, Anpassung, Sorgfalt, Ordnung, Fremdsprachen

Meister
Fachbeherrschung, Menschenkenntnis, Verantwortungsbereitschaft, Organisationsgabe, Umgangsformen, Urteilsvermögen, Wille, Selbstständigkeit, Führungseigenschaften, pädagogische Fähigkeiten

Organisations-Sachbearbeiter
Aufmerksamkeit, Auffassungsgabe, Urteilsvermögen, Dispositionsfähigkeit, Vorstellungsvermögen, Kostenbewusstsein, Verhandlungsgeschick, Denken, geistige Regsamkeit, Ausdauer, Lernbereitschaft, Verantwortungsbewusstsein, Zuverlässigkeit

Personalchef
Wendigkeit, Konzentration, Verhandlungsgeschick, Menschenkenntnis, Umgangsformen, Fremdsprachen, Aufmerksamkeitsumfang, Aufmerksamkeit, Beurteilungsvermögen, Dispositionsvermögen, Organisationsgabe, Verantwortungsbewusstsein, Anstrengungsbereitschaft, Persönlichkeit

Sekretärin (verschiedene Verantwortungsstufen)
Wendigkeit, Konzentration, Verhandlungsgeschick, Menschenkenntnis, Umgangsformen, Sprache, Ausdruck, Fremdsprachen, Auffassungsgabe, Arbeitsbereitschaft, Anstrengungsbereitschaft, Intelligenz, Gedächtnis, Geschmack, Kontaktfähigkeit, Vertrauenswürdigkeit, Dispositionsvermögen, Organisationsgabe, Äußeres, Aufgeschlossenheit, Ausgeglichenheit, Belastbarkeit, Diskretion

Soldat
Wille, Entschlussfähigkeit, Temperament, Verantwortungsbewusstsein, Lebenserfahrung, Umweltbeziehungen, Verhalten gegenüber ..., geistige Anlagen, Bildung, Äußeres, Belastbarkeit, Sport, Körperfehler

Stenosekretärin
Umgangsformen, Sprache, Auffassungsgabe, Ausdauer, Zuverlässigkeit, Vertrauenswürdigkeit, Hilfsbereitschaft, Merkfähigkeit, Interesse, Maschineschreiben, Stenografie, Rechtschreibung, Arbeitsmenge

Verkäufer
Menschenkenntnis, Kontaktfähigkeit, Umgangsformen, Wendigkeit, Sicherheit, Selbstvertrauen, Sprache, Fachkenntnisse (Waren, Markt), Geistesart, Konzentration, Auffassungsgabe, Aufmerksamkeitsumfang, Initiative, Intelligenz, Ausdauer, Einsatzbereitschaft, Anpassung, Zuverlässigkeit, Äußeres

Vorarbeiter
Fachbeherrschung, Organisationsgabe, Dispositionsvermögen, Menschenkenntnis, Umgangsformen, Aufmerksamkeit, Aufmerksamkeitsumfang, Verhalten gegenüber Gleichgestellten und Untergebenen, Kontaktfähigkeit, Hilfsbereitschaft, Beurteilungsvermögen, pädagogische Fähigkeiten, Ausdauer, Anstrengungsbereitschaft, Einsatzbereitschaft

Werkmeister
Fachbeherrschung, Menschenkenntnis, Verantwortungsbereitschaft, Organisationsgabe, Umgangsformen, Urteilsvermögen, Wille, Selbstständigkeit, Führungseigenschaften, pädagogische Fähigkeiten

Wirtschaftsingenieur
Verhandlungsgeschick, Kontaktfähigkeit, Umgangsformen, Menschenkenntnis, Fachkenntnisse, Gedächtnis, Sprache, Bildungsgrad, Intelligenz

Zeichner, technischer
Sorgfalt, Ordnung, Arbeitsgüte, Geschicklichkeit, Interesse, Selbstständigkeit, Sicherheit, Vorstellungsvermögen, Teamarbeit

Zeugnisbeispiele

Die folgenden Beispiele geben einen Überblick über die unterschiedlichen Formen, wie Zeugnisse geschrieben sein können. Am Beginn stehen verschiedene Arbeitszeugnisse mit sehr guten bis ungenügenden Beurteilungen. Bereits an diesen Beispielen können Sie erkennen, wie unterschiedlich Formulierungen wirken können, auch wenn sie sich oberflächlich betrachtet gar nicht so sehr unterscheiden.

Dann folgen Zeugnisse aus unterschiedlichen Branchen, an denen Sie sich bei der Abfassung Ihres Zeugnisentwurfs orientieren können.

Zwischenzeugnisse

Ein sehr gutes Zwischenzeugnis

ZEUGNIS

Frau Marion Thierse, geboren am 12. Mai 1964, trat in unseren Konzern am 1. April 1994 ein. Bis 1996 befasste sie sich mit der Ergebnisplanung und dem Controlling unserer ausländischen Tochtergesellschaften. Aufgrund ihres überdurchschnittlichen Leistungsniveaus wurde ihr im Januar 1997 eine deutlich erweiterte Aufgabe im Konzerncontrolling übertragen. In Anerkennung ihrer in jeder Hinsicht überaus erfreulichen Arbeitsergebnisse ernannten wir sie im August 1997 zur Fachreferentin. Das Arbeitsgebiet von Frau Thierse umfasst seitdem folgende Aufgabenschwerpunkte:

- eigenverantwortliche Erarbeitung und Erstellung monatlicher und jährlicher Ist-Berichte für Aufsichtsräte, Vorstände und Direktoren des Konzerns,
- Verfolgung wesentlicher Eckdaten zur Situation und Entwicklung des Konzerns und seiner Teilbereiche,

- Konzeption neuer sowie Weiterentwicklung bestehender Berichte; dabei Leitung des Projekts ... weltweit, wodurch erstmals eine gesamtheitliche Darstellung der weltweiten Aktivitäten erfolgte,
- Koordination und Mitwirkung bei der inhaltlichen Vorbereitung von Bilanzpressekonferenzen und Hauptversammlungen sowie von öffentlichen Auftritten der Konzernvorstände,
- Erarbeitung von Informationen für die externe Berichterstattung (Geschäfts- und Zwischenberichte, Börsenprospekte, Pressetexte),
- Erarbeitung von Konzerndarstellungen und Hinwirken auf eine konzerneinheitliche Verwendung der Darstellungsformen.

Frau Thierse hat die jährliche Berichterstattung eigenständig aufgebaut. Hierbei hat sie eine weit über dem Durchschnitt liegende Einsatzbereitschaft sowie ein ausgeprägtes Verhandlungsgeschick und Durchsetzungsvermögen unter Beweis gestellt. Durch ihre Kommunikationsstärke und fachliche Kompetenz konnte sie dieses Aufgabengebiet etablieren und sich darüber hinaus Anerkennung und Akzeptanz in anderen Bereichen verschaffen.

Frau Thierse greift die Aufgaben ihres Verantwortungsbereichs eigenständig auf und führt sie selbstständig tragfähigen Lösungen zu. Mit hoher Eigeninitiative geht sie neue Themen an und realisiert diese zusätzlich zum terminkritischen Tagesgeschäft. Die erfolgreichen Ergebnisse resultieren nicht zuletzt aus ihrer schnellen Auffassungsgabe und ihrer gewissenhaften und strukturierten Arbeitsweise.

Frau Thierse erledigte die ihr übertragenen Aufgaben stets zu unserer vollsten Zufriedenheit. Sie empfiehlt sich damit für weiter gehende Aufgaben.

Gern stelle ich Frau Thierse dieses Zwischenzeugnis aus, bevor ich ein neues Aufgabengebiet übernehme. Für den weiteren beruflichen und privaten Lebensweg wünsche ich ihr alles Gute.

Unterschrift
Datum

Dies ist ein in jeder Hinsicht sehr gutes Zwischenzeugnis. Die anspruchsvollen Aufgaben werden detailliert beschrieben. Bereits nach relativ kurzer Zeit wird Frau Thierse „eine deutlich erweiterte Aufgabe" übertragen und wenig später wird sie befördert. Ihre Arbeit ist direkt für die Konzernspitze bestimmt, setzt also ein hohes Maß an Können voraus. Besonders positive Stichworte sind Eigenverantwortung, Leitung eines Projekts, Eigenständigkeit, weit überdurchschnittliche Einsatzbereitschaft, Verhandlungsgeschick, Durchsetzungsvermögen, Kommunikationsstärke und fachliche Kompetenz. Wenn dann noch – wie hier – Initiative, das Finden von Lösungen, gewissenhafte Arbeitsweise und Belastbarkeit dazukommen, ist die allseitige Anerkennung und die Empfehlung für weiter gehende Aufgaben die logische Konsequenz. Mit diesem Zeugnis hat Frau Thierse bei Bewerbungen die besten Chancen.

Ein gutes Zwischenzeugnis

ZEUGNIS

Herr Thomas Menski, geboren am 19. Mai 1963, ist seit dem 1. Januar 1992 bei uns beschäftigt. Er war zunächst in der Geschäftsstelle als Praktikant, später als Inspektor eingesetzt.

Vom 1. April 1996 bis zum 31. Dezember 1999 war Herr Menski als Schulungsreferent in der Abteilung Außendienstschulung unserer Hauptverwaltung tätig.

Zuvor absolvierte Herr Menski ein intensives Ausbildungsprogramm, unter anderem Teilnahme an externen Ausbildungsmaßnahmen der Deutschen Trainerakademie und der Deutschen Verkaufsleiterschule, Hospitation in Hauptverwaltung-Vertriebsbereichen und bei Seminaren, die von Trainern durchgeführt wurden.

Herrn Menski oblag die Konzeption und Durchführung des Präsentations- und Ausbildungskonzeptes für den Verkauf mit einem computerunterstützten Beratungssystem im Versicherungsverkauf für den gesamten Außendienst des Unternehmens. Er führte die Aus- und Weiterbildungsmaßnahmen selbstständig durch und erfüllte die fachlichen und theoretischen Voraussetzungen für diese Tätigkeit. Ebenso verfügte Herr Menski über gute mündliche und schriftliche Ausdrucksfähigkeit.

Wir bestätigen gern, dass Herr Menski die ihm übertragenen Aufgaben mit Engagement und Initiative zu unserer vollsten Zufriedenheit erledigt hat. Sein persönliches Verhalten gegenüber Vorgesetzten und Mitarbeitern war stets einwandfrei.

Herr Menski verlässt die Abteilung auf eigenen Wunsch, um sich anderen beruflichen Aufgaben in unserem Unternehmen zuzuwenden. Wir danken für seine Mitarbeit und wünschen ihm für die Zukunft alles Gute.

Datum
Unterschrift

Dieses Zeugnis bescheinigt überdurchschnittliche Leistungen. „Engagement und Initiative zu unserer vollsten Zufriedenheit" bedeuten eine sehr gute Bewertung. Im Vergleich zum vorhergehenden Zeugnis werden die Aufgaben aber nur relativ kurz beschrieben. Positiv ist die Erwähnung der Selbstständigkeit, allerdings wird das durch die etwas formelhaft klingende Formulierung „… erfüllte die fachlichen und theoretischen Voraussetzungen" ein wenig relativiert. Im Anschluss an die Darstellung des Ausbildungsprogramms wird nicht erwähnt, dass Herr Menski die gesammelten Erfahrungen und Kenntnisse in seiner Arbeit umsetzen konnte. Kritischen Lesern wird dieser Punkt auffallen. Insgesamt ein recht formales, aber gutes Zeugnis.

Ein schlechtes Zwischenzeugnis

ZEUGNIS

Herr Karl Neubert, geboren am 13. Mai 1960 in München, wohnhaft in der Steinstraße 44 in 01069 Dresden, ist seit dem 1. November 1993 in unserem Unternehmen als Kundenberater für den Raum Hessen tätig.

Nach einem zweimonatigen Einarbeitungsprogramm im November und Dezember 1993 ist Herr Neubert für die Betreuung unserer Altkunden im Produktbereich Entgratungstechnik zuständig. Zu den Tätigkeitsschwerpunkten gehören der Vertrieb neuer Entgratungsautomaten sowie die technische Beratung bei alten und neuen Automaten.

Herr Neubert verfügt über das erforderliche Fachwissen, das es ihm ermöglicht, die ihm gestellten Aufgaben zu lösen. Er kann gegebene Situationen im erforderlichen Umfang in einzelne Aspekte gliedern. Herr Neubert plant und organisiert seine Arbeit recht systematisch und handelt weitgehend selbstständig.

Bei der Durchführung der vereinbarten Aufgaben ist Herr Neubert den üblichen Anforderungen gewachsen und kann sich auf veränderte Situationen einstellen. Er bewältigt das Arbeitspensum und stellt uns mit seiner Arbeit zufrieden.

Aufgrund seiner korrekten Beratung ist Herr Neubert bei seinen Kunden ein geschätzter Gesprächspartner. Da er am Informationsaustausch interessiert ist und sachliche Kritik akzeptiert, trägt er zur Zusammenarbeit bei. Seine Verhaltensweise gegenüber Vorgesetzten und Kunden ist korrekt. Er ist im Mitarbeiterkreis allgemein anerkannt.

Datum
Unterschrift

Ein geradezu vernichtendes Zeugnis, dem deutlich anzumerken ist, wie schwer es dem Schreiber gefallen sein muss, positive Worte für die höchst mäßige Leistung von Herrn Neubert zu finden. Das nötige Fachwissen wird konstatiert, allerdings scheint Herr Neubert es nicht immer angewendet zu haben, denn es heißt nicht etwa: „… Fachwissen, das er geschickt einsetzt", sondern: „… das es ihm ermöglicht". Ob die Möglichkeiten genutzt wurden, steht nicht da. Eigeninitiative scheint für Herrn Neubert ein Fremdwort zu sein, denn er arbeitet „in erforderlichem Umfang", nur „recht systematisch", nur „weitgehend selbstständig" und ist nur den „üblichen Anforderungen" gewachsen. Kein Wunder, dass er sein Unternehmen nur „zufrieden stellt". Dass er zur Zusammenarbeit beiträgt, sollte wohl eine Selbstverständlichkeit sein. Die eigentlich positive Aussage, er akzeptiere Kritik, bedeutet im Gesamtzusammenhang, dass es einiges zu kritisieren gab.

Qualifizierte Endzeugnisse

Ein sehr gutes Endzeugnis

ZEUGNIS

Herr Sven Kraft, geb. am 06. 12. 1970, war von 01. 01. 1993 bis 31. 12. 1999 bei uns als Kfz-Monteur tätig. Ab dem 01. 07. 1995 wurde er als Gruppenleiter eingesetzt.

Herr Kraft hat während dieser Zeit alle ihm übertragenen Aufgaben stets zu unserer vollsten Zufriedenheit ausgeführt.

Obwohl Herr Kraft gerade erst seine Ausbildung abgeschlossen hatte, als er bei uns eintrat, und daher nur über eine geringe berufliche Praxis verfügte, verrichtete er im rein handwerklichen Bereich alle Arbeiten mit außerordentlichem Geschick und regelmäßig fehlerfrei. Im direkten Umgang mit den Kunden war Herr Kraft aufgeschlossen und einfühlsam.

Auch Kunden mit schwieriger Persönlichkeitsstruktur wurden von ihm zu ihrer persönlichen Zufriedenheit betreut. Deshalb konnte er bereits nach zweieinhalb Jahren Betriebszugehörigkeit zum Gruppenleiter ernannt werden. Unseren damit verbundenen Erwartungen ist er stets in allerbester Form gerecht geworden.

Besonders anerkennenswert ist, dass Herr Kraft sich von sich aus in seiner Freizeit durch Kurse fortbildete. So besuchte er im Zeitraum von 01. 01. 1993 bis 31. 12. 1995 insgesamt drei Kurse, die das in unserem Betrieb eingesetzte EDV-Programm zum Gegenstand hatten. Danach war Herr Kraft in der Lage, nicht nur den ihm unterstellten Mitarbeitern, sondern auch den bei uns im kaufmännischen Bereich eingesetzten Personen wertvolle Anregungen zum Umgang mit der Software zu geben, die sämtlich zu einer wesentlichen Zeit- und damit auch zu einer Kostenersparnis führten.

Herr Kraft verlässt uns auf eigenen Wunsch, um in einem anderen Unternehmen neue Aufgaben zu übernehmen. Wir bedauern sein Ausscheiden außerordentlich, haben aber volles Verständnis dafür, dass Herr Kraft sich fortentwickeln und neuen Aufgaben stellen möchte.

> Wir bedanken uns bei Herrn Kraft für die bei uns geleistete Arbeit und wünschen ihm für seine berufliche und private Zukunft alles Gute.
>
> Datum
> Unterschrift

„Stets zu unserer vollsten Zufriedenheit" – das ist ein Synonym für Note eins!

Der Hinweis auf das „noch jugendliche Alter" des Mitarbeiters bedeutet, dass er sich nach Ansicht des Arbeitgebers noch erheblich weiterentwickeln kann.

„Umgang mit Kunden": Der Arbeitnehmer hat sich hier offenbar als Aushängeschild für die Firma betätigt und damit dazu beigetragen, den Kundenstamm weiter auszubauen und zu festigen.

„Freiwillige Fortbildung": Das zeugt von vorbildlichem Einsatz für den Betrieb und einem über den normalen Arbeitnehmerhorizont hinausgehenden Verständnis für übergreifende Betriebsinteressen.

„Innovative Anregungen": Wer so etwas leistet, ist für den Arbeitgeber geradezu Gold wert!

„Volles Verständnis für den Wechsel": Der bisherige Arbeitgeber hat versucht, ihn mit einer Beförderung am Wechsel zu hindern – leider vergeblich.

Ein gutes bis befriedigendes Endzeugnis

ZEUGNIS

Herr Sven Kraft, geb. am 06. 12. 1970, uns von 01. 01. 1993 bis 31. 12. 1999 bei uns als Kfz-Monteur tätig. Er hat während dieser Zeit alle ihm übertragenen Aufgaben zu unserer vollen Zufriedenheit ausgeführt.

Obwohl Herr Kraft gerade erst seine Ausbildung abgeschlossen hatte, als er bei uns eintrat, und daher nur über eine geringe berufliche Praxis verfügte, verrichtete er im rein handwerklichen Bereich alle Arbeiten mit Geschick. Im direkten Umgang mit den Kunden war Herr Kraft aufgeschlossen und einfühlsam.

Herr Kraft verlässt uns auf eigenen Wunsch, um in einem anderen Unternehmen neue Aufgaben zu übernehmen. Wir bedauern sein Ausscheiden. Wir bedanken uns bei Herrn Kraft für die bei uns geleistete Arbeit und wünschen ihm für seine berufliche und private Zukunft alles Gute.

Datum
Unterschrift

Auch einen solchen Mitarbeiter verliert man sehr ungern. Seine Leistungen lagen immer noch weit über dem Durchschnitt. Auch hier zeigt der Hinweis auf das Alter, dass der Arbeitnehmer entwicklungsfähig ist. Allerdings fallen Dank und Zukunftswünsche kürzer aus als in einem sehr guten Zeugnis. Gleichwohl: Dieses Zeugnis ist immer noch beachtlich.

Ein ausreichendes Endzeugnis

ZEUGNIS

Herr Sven Kraft, geb. am 06. 12. 1970, war von 01. 01. 1993 bis 31. 12. 1999 bei uns als Kfz-Monteur tätig. Er hat während dieser Zeit die ihm übertragenen Aufgaben zu unserer Zufriedenheit ausgeführt.

Obwohl Herr Kraft gerade erst seine Ausbildung abgeschlossen hatte, als er bei uns eintrat, und daher nur über eine geringe berufliche Praxis verfügte, hat er mit seinen Leistungen unseren Erwartungen entsprochen.

Herr Kraft verlässt uns auf eigenen Wunsch, um in einem anderen Unternehmen neue Aufgaben zu übernehmen.

Datum
Unterschrift

Wer so benotet wird, ist zwar ohne Fehl und Tadel, kann aber auch kein besonderes Lob vorweisen. Offenbar hat der Arbeitgeber diesem Mitarbeiter bei seinem Weggang keine besonderen Steine in den Weg gelegt. Das kann man daraus schließen, dass im Zeugnis weder Dank noch Bedauern oder Anerkennung enthalten sind.

Ein schlechtes Endzeugnis

ZEUGNIS

Herr Sven Kraft, geb. am 06. 12. 1970, war von 01. 01. 1993 bis 31. 12. 1999 bei uns als Kfz-Monteur tätig. Er hat sich stets bemüht, die ihm übertragenen Aufgaben zufrieden stellend zu erledigen.

Herr Kraft war stets pünktlich und hat durch sein geselliges Wesen zur Verbesserung des allgemeinen Betriebsklimas beigetragen, wobei er viel Einfühlungsvermögen in die Probleme anderer Mitarbeiter bewies und etliche Verbesserungsvorschläge machte.

Wir haben uns von Herrn Kraft einvernehmlich getrennt.

Datum
Unterschrift

Ein Zeugnis, wie es katastrophaler eigentlich gar nicht mehr sein kann:

„Stets bemüht": Zwar hat er sich bemüht – geschafft hat er die Aufgaben aber nicht.

„Stets pünktlich": Wenn etwas hervorgehoben wird, was selbstverständlich ist, dann gibt es sonst nichts hervorzuheben. Im Klartext: Der Mann war eine völlige Niete!

„Geselliges Wesen": Er sprach regelmäßig dem Alkohol zu!

„Einfühlungsvermögen": Wenn er betrunken war, hat er sich an die weiblichen Mitarbeiter herangemacht.

„Verbesserungsvorschläge": Herr Kraft war ein Querulant, der immer etwas zu meckern hatte.

„Einvernehmlich getrennt": Der Arbeitgeber hat ihm nahe gelegt, selbst zu kündigen, sonst hätte er ihn entlassen.

Zeugnisbeispiele für gewerbliche Berufe

Die hier folgenden Beispiele zeigen Zeugnisse für Arbeitnehmer aus gewerblichen Berufen. Achten Sie auf die für gewerbliche Berufe typischen Arbeitsbeschreibungen und Merkmale des Sozialverhaltens.

Gewerbliche Berufe – Beispiel 1

ZEUGNIS

Herr Hans Schwarz, geboren am 6. April 1967, trat am 1. April 1996 in unsere Firma als Lagerarbeiter ein. Er arbeitete zunächst im Zentrallager, dort war er überwiegend mit Sortierarbeiten beschäftigt. Nach einem Jahr übertrugen wir ihm Arbeiten an der EDV-Erfassung der Lagerhaltung, nach einem weiteren Jahr konnte er die EDV eigenständig und verantwortlich führen.

Herr Schwarz arbeitete sich in alle ihm gestellten Aufgaben rasch und gut ein. Er erledigte alle Aufgaben zu unserer vollen Zufriedenheit. Er war pünktlich und fleißig.

Seit April dieses Jahres blieb Herr Schwarz wiederholt seinem Arbeitsplatz fern und es kam häufig zu Konflikten mit seinen Kollegen. Zu unserem Bedauern mussten wir das Arbeitsverhältnis nun zum 30. Juni 1999 auflösen.

Wir wünschen und hoffen, dass Herr Schwarz in Kürze wieder zu der Leistungsfähigkeit kommt, die wir an ihm geschätzt haben. Unter dieser Voraussetzung wären wir auch gerne bereit, Herrn Schwarz wieder in unsere Firma aufzunehmen.

Datum
Unterschrift

Trotz des problematischen Inhalts ein eigentlich positives Arbeitszeugnis. Immerhin wird seine Arbeitsleistung gut bewertet. Offenbar kam es zu privaten Problemen. Die Tatsache, dass die Firma ihn wieder aufnehmen will, lässt das Zeugnis unterm Strich als befriedigend erscheinen.

Gewerbliche Berufe – Beispiel 2

ZEUGNIS

Herr Klaus Zellerfeld, geboren am 15. März 1973, trat am 1. Januar 1996 als Kfz-Mechaniker in unsere Firma ein. Herrn Zellerfeld oblag es, alle vorkommenden Reparatur- und Wartungsarbeiten an Personenkraftwagen und Kleinlastwagen auszuführen. Er hat sich immer bemüht, unseren Anforderungen gerecht zu werden.

Herr Zellerfeld ist ein ruhiger Mitarbeiter. Sein Verhalten gegenüber unserem Werkstattleiter und seinen Kollegen gab zu keinen Klagen Anlass.

Da sich in den letzten Monaten die Fehltage immer mehr häuften, sahen wir uns leider gezwungen, zur Erhaltung der Arbeitsbereitschaft und der Arbeitsmoral der übrigen Mitarbeiter das Arbeitsverhältnis mit Herrn Zellerfeld fristgerecht zum 31. Mai 2000 aufzulösen.

Datum
Unterschrift

Dieses Zeugnis spricht für sich. Es ist ausgesprochen mangelhaft. Formulierungen wie „oblag es, ... auszuführen", oder „Er hat sich immer bemüht, unseren Anforderungen gerecht zu werden ..." sind nichts weiter als die klare Aussage, dass Herr Zellerfeld nichts geleistet hat.

Gewerbliche Berufe – Beispiel 3

ZEUGNIS

Herr Wilhelm Kelm, geboren am 17. August 1970, war in der Zeit vom 1. Januar 1998 bis zum 30. Juni 1999 als Staplerfahrer in unserem Außenlager beschäftigt. Herr Kelm bediente einen Hochraumstapler. Er war überwiegend mit dem Entladen von 50-Fuß-Containern und dem Nachfüllen unserer Regale beschäftigt.

Herr Kelm war pünktlich und zuverlässig. Den Wartungsdienst an seinem Fahrzeug versah er einwandfrei.

Sein Verhalten gegenüber seinen Arbeitskollegen war kameradschaftlich und hilfsbereit, das zu seinen Vorgesetzten einwandfrei.

Wir waren mit den Leistungen von Herrn Kelm zu jeder Zeit voll zufrieden. Herr Kelm verlässt uns auf eigenen Wunsch.

Wir wünschen ihm für die Zukunft alles Gute.

Datum
Unterschrift

Dies ist ein gutes Zeugnis. Schon nach eineinhalb Jahren wird Herrn Kelm die volle Zufriedenheit, und dies jederzeit, ausgedrückt.

Gewerbliche Berufe – Beispiel 4

ZEUGNIS

Frau Margarete Eller, geboren am 2. August 1976, war in der Zeit vom 1. Dezember 1998 bis zum 31. Juli 1999 in unserer Firma als Beleuchterin beschäftigt.

Sie hatte Gelegenheit, während dieser Zeit alle Tätigkeiten ihres Metiers kennen zu lernen.

Wir lernten Frau Eller als eine sehr umgängliche Kollegin schätzen. Die ihr übertragenen Aufgaben hat sie stets zu unserer Zufriedenheit erledigt.

Für ihre weitere berufliche Laufbahn wünschen wir Frau Eller alles Gute.

Datum
Unterschrift

Was sich zunächst positiv liest, ist aber das Gegenteil. „Sie hatte Gelegenheit" bedeutet, dass sie die Gelegenheit nicht oder zumindest nicht vollständig genutzt hat. Als „umgängliche Kollegin" hielt sie hier und dort gerne mal ein Schwätzchen. „Zu unserer Zufriedenheit" in diesem Zusammenhang kann nicht als ausreichend angesehen werden.

Gewerbliche Berufe – Beispiel 5

ZEUGNIS

Herr Jonas Fredenbeck, geboren am 1. Nobember 1969, war vom 1. Februar 1995 bis zum 31. März 2000 in unserer Firma als Installateur beschäftigt. Er hat Gas- und Wasserinstallationen in Neubauten ausgeführt. Es war vorgesehen, ihn Anfang des kommenden Jahres als Montageleiter einzusetzen.

Wir waren mit den Leistungen von Herrn Fredenbeck jederzeit und ohne Vorbehalt zufrieden. Er besitzt eine gute Auffassungsgabe, ein Organisationstalent und -geschick und ist in der praktischen Arbeit äußerst sicher. Auch auf neue Arbeitsmethoden stellt sich Herr Fredenbeck schnell ein.

Alle ihm übertragenen Aufgaben erledigte er mit absoluter Zuverlässigkeit stets zu unserer vollsten Zufriedenheit. Sein Sinn für Gerechtigkeit und sein kollegiales Wesen zeichneten ihn vor seinen Mitarbeitern aus. Er sorgte für ein gutes Arbeitsklima.

Herr Fredenbeck scheidet auf eigenen Wunsch aus unserer Firma aus.

Wir können ihn fachlich und persönlich sehr empfehlen. Wir danken ihm für seine wertvolle Mitarbeit und wünschen ihm für seinen weiteren Berufsweg viel Erfolg.

Datum
Unterschrift

Besser geht es nicht. So viel ehrliches Lob für seine fachlichen und beruflichen Qualitäten kann man sich nur wünschen. Ein Zeugnis der Note eins.

Gewerbliche Berufe – Beispiel 6

ZEUGNIS

Herr Daniel Kortes, geboren am 15. Juni 1959, war in der Zeit vom 1. Januar 1991 bis zum 31. Dezember 1999 in unserem Betrieb als Maschinenmeister tätig.

Er arbeitete in den Abteilungen Produktion A und B und in der innerbetrieblichen Instandhaltung. Dabei hatte er Gelegenheit, die verschiedenen Typen der bei uns eingesetzten Maschinen kennen zu lernen.

Auch gaben wir ihm Gelegenheit, sich mit organisatorischen Fragen sowie mit verschiedenen Problemen der Lohnfindung zu beschäftigen.

Herr Kortes zeigte reges Interesse für alle vorkommenden Fragen. Er zeichnete sich durch seine freudige Einsatzbereitschaft und seine Kameradschaft zu den Mitarbeitern aus. Herr Kortes verlässt uns auf eigenen Wunsch.

Datum
Unterschrift

Ein insgesamt schlechtes Zeugnis. Keine konkreten Beschreibungen seiner Leistungen, sondern nur allgemeine Formulierungen deuten darauf hin, dass Herr Kortes sich zwar bemüht, aber nichts geleistet hat. Note: mangelhaft.

Gewerbliche Berufe – Beispiel 7

ZEUGNIS

Frau Bärbel Kernbach, geboren am 23. Juli 1962, war vom 1. Januar 1991 bis 30. Juni 2000 in meiner Praxis als Krankengymnastin ganztags angestellt.

Ihre krankengymnastische Tätigkeit umfasste die Behandlung von Erwachsenen und Kindern auf den Gebieten Neurologie, Orthopädie und Chirurgie.

Frau Kernbach ist eine ausgezeichnete Therapeutin. Ihr Einsatz bei der Betreuung und Behandlung von Patienten ging weit über den üblichen Rahmen hinaus und war stets beispielhaft. Die bei ihren Fortbildungen und durch ihre praktische Erfahrung erworbenen umfassenden Kenntnisse konnte sie sehr erfolgreich bei der Behandlung ihrer Patienten einsetzen.

Durch ihr großes Engagement, ihr Einfühlungsvermögen und ihr freundliches Wesen war Frau Kernbach bei den Patienten und ihren Kollegen sehr geschätzt und beliebt.

Ihren Kolleginnen stand sie jederzeit hilfreich zur Seite. Ihren fachlichen Rat haben gerade die Berufsanfängerinnen geschätzt. Die in meiner Praxis wöchentlich stattfindenden Fortbildungen wurden von ihr mitgestaltet und oft auch selbst geleitet. Dabei zeichnete sich Frau Kernbach als pädagogisch kompetente und engagierte Fachkraft aus.

Wegen ihrer großen Gewissenhaftigkeit und Zuverlässigkeit übernahm sie während meiner Abwesenheit Stellvertreteraufgaben. Ihre konstruktiven und nützlichen Vorschläge zur Praxisgestaltung und Organisation habe ich sehr gern übernommen und umgesetzt. Alle auf sie übertragenen Aufgaben hat sie immer zu meiner vollsten Zufriedenheit ausgeführt.

Frau Kernbach verlässt meine Praxis auf eigenen Wunsch zum 30. Juni 1999. Ich bedauere dies sehr, denn ich verliere mit ihr eine wertvolle Mitarbeiterin.

> Für die hervorragende Zusammenarbeit bedanke ich mich sehr. Meine Mitarbeiterinnen und ich wünschen ihr für den weiteren Lebensweg alles erdenklich Gute.
>
> Datum
> Unterschrift

Eigentlich erübrigt sich hier ein Kommentar, denn dieses Zeugnis kann wegen seiner Glaubwürdigkeit und der konkreten Gestaltung durchaus mit der Note eins gleichgesetzt werden.

UNSER TIPP

Hat Ihnen der Arbeitgeber freigestellt, Ihr Zeugnis selbst zu formulieren, sollten Sie sich ein solch überaus positives Zeugnis wirklich nur ausstellen, wenn es auch den Tatsachen entspricht. Denn der alte Arbeitgeber gerät bei Rückfragen durch den neuen in einen erheblichen Erklärungsnotstand, wenn er nicht erläutern kann, warum er sich nicht nach Kräften bemüht hat, eine solche Spitzenkraft zu halten.

Zeugnisbeispiele für kaufmännische Berufe

Kaufmännische Berufe – Beispiel 1

ZEUGNIS

Herr Hans Hafner, geb. am 16. Februar 1961, trat am 1. März 1998 unserem Unternehmen als kaufmännischer Angestellter bei.

Aufgrund seiner guten Auffassungsgabe verlief die Einarbeitung in seinen Aufgabenbereich als Verkaufssachbearbeiter schnell und problemlos.
Zu den wesentlichen Tätigkeiten in seinem Arbeitsbereich gehörten der telefonische Kontakt zu unserer Kundschaft, die selbstständige Bearbei-

tung der eingehenden Interessentenanfragen, das Erstellen von Angeboten auf der Grundlage unserer Rahmenkonditionen, die Auftragsannahme und -bearbeitung sowie die Kartei- und Kassenführung, die Ablage und allgemeine Büroarbeiten.

Wir können Herrn Hafner bestätigen, dass er über gute Fachkenntnisse verfügt, die er in seiner täglich anfallenden Arbeit geschickt einzusetzen weiß. Stets erledigte er alle ihm übertragenen Aufgaben zu unserer vollsten Zufriedenheit. Besonders betonen möchten wir seine enorme Einsatzbereitschaft und Loyalität gegenüber unserem Unternehmen. Durch seine gerade, aufrichtige Art war er bei seinen Vorgesetzten und Kollegen gleichermaßen beliebt wie auch geschätzt.

Herr Hafner ist zum 30. September 2000 auf eigenen Wunsch aus unserem Unternehmen ausgeschieden, um sich neuen Aufgaben zu widmen.

Wir danken ihm für seine geleistete Arbeit und wünschen ihm für seine berufliche und private Zukunft alles Gute.

Datum
Unterschrift

Ein etwas nebulöses Zeugnis ohne besondere Hervorhebungen und Betonungen von Qualifikationen. Die wenig konkreten Beschreibungen fallen auf. Im Gesamtzusammenhang klingt die Formulierung „... erledigte alle ihm übertragenen Aufgaben zu unserer vollsten Zufriedenheit" – eigentlich eine sehr gute Bewertung – nicht recht glaubwürdig. Auch der Dank für die geleistete Arbeit und die Wünsche für die Zukunft passen zu einem guten Zeugnis, werden aber durch die undurchsichtige Formulierung „... sich neuen Aufgaben zu widmen" relativiert. Handelt es sich um neue *berufliche* Aufgaben? Die „enorme Einsatzbereitschaft" könnte man als fehlende Qualifikation interpretieren, die Herr Hafner durch Überstunden auszugleichen suchte. Das Gesamturteil: schwach befriedigend.

Kaufmännische Berufe – Beispiel 2

ZEUGNIS

Frau Liselotte Kampf, geb. 24. Oktober 1961, war vom 1. März 1993 bis 31. März 2000 in unserem Unternehmen als Sachbearbeiterin für den Einkauf tätig.

Frau Kampf hat sich sehr schnell in ihre Aufgaben eingearbeitet. Dazu gehörten die laufende Bestellung unserer Handelswaren sowie die Kontrolle von Warenlieferungen und die Rechnungskontrolle. Dabei erfolgte die Erfassung der Besteller sowie das Verbuchen der eingehenden Waren per EDV. Außerdem war Frau Kampf für die Überwachung unserer Lagerbestände, für die Pflege der Artikelstammdaten und die Aktualisierung unserer Preisliste zuständig.

Ihre Aufgaben hat Frau Kampf immer selbstständig und stets zu unserer vollsten Zufriedenheit ausgeführt.

Ihr Verhalten gegenüber den Vorgesetzten und Kollegen war jederzeit einwandfrei.

Wegen betriebsbedingter Einsparungen mussten wir das Arbeitsverhältnis mit Frau Kampf zum 31. März 2000 leider auflösen. Wir bedauern diese Entscheidung sehr und wünschen Frau Kampf für ihren weiteren beruflichen und privaten Weg alles Gute.

Datum
Unterschrift

Ein kurzes, knappes, glaubwürdiges Zeugnis, aus dem hervorgeht, dass Frau Kampf für die Kündigung in keiner Weise verantwortlich ist. Der Kündigungsgrund ist glaubhaft. Ein gutes bis befriedigendes Zeugnis.

Kaufmännische Berufe – Beispiel 3

ZEUGNIS

Frau Helga Sinn, geboren am 14. Februar 1969, war vom 2. August 1990 bis 31. Dezember 1999 in meinem Hause beschäftigt. Sie wurde zunächst in der Börsenabteilung und ab Oktober 1992 als Kassiererin im Zweigstellenbereich eingesetzt.

Ich habe Frau Sinn als eine Mitarbeiterin kennen gelernt, die stets bemüht war, den an sie gestellten Anforderungen gerecht zu werden. Für ihre Arbeit zeigte sie Verständnis, in ihrem Verhalten war sie korrekt.

Frau Sinn scheidet auf eigenen Wunsch aus meinen Diensten. Ich wünsche ihr in persönlicher und beruflicher Hinsicht alles Gute.

Datum
Unterschrift

Fällt Ihnen beim Lesen dieses Zeugnisses auf, was fehlt? Es sind die Beschreibungen der Ehrlichkeit und Zuverlässigkeit der Arbeitnehmerin, für eine Kassiererin eine katastrophale Bescheinigung ihrer Unzulänglichkeit. Wenn dann auch noch – wie hier zu lesen – so nebulöse Formulierungen wie „stets bemüht, den an sie gestellten Anforderungen gerecht zu werden" enthalten sind, dann kann dieses Zeugnis nur eines bedeuten: ungenügend.

Kaufmännische Berufe – Beispiel 4

ZEUGNIS

Herr Günther Elste, geboren am 14. Dezember 1966, war vom 15. März 1990 bis zum 31. August 1999 als Verkaufsstellenverwalter in unserer Filiale in der Bergstraße tätig.

Zu den Aufgaben eines Verkaufsstellenverwalters gehören die ordnungsgemäße Führung der Verkaufsstelle einschließlich der Dekoration der Fenster und des Innenraumes nach Anweisung, ferner die Führung des Warenlagers, die Warendisposition, die Waren- und Kassenabrechnung sowie die Führung der sonstigen Geschäftsbücher. Insbesondere ist der Verkaufsstellenverwalter dafür verantwortlich, dass die Betriebsstätte sich stets in einem gepflegten, verkaufsfördernden Zustand befindet.

Herrn Elste war eine Mitarbeiterin fachlich unterstellt, für deren Einsatz er verantwortlich war.

Herr Elste hat seine Aufgaben mit Interesse und Einsatzbereitschaft hervorragend gelöst. Er verfügt über exorbitante Fachkenntnisse und erzielte hervorragende Verkaufserfolge. Er war ein sehr erfahrener, bis ins Detail fachkundiger Verkaufsstellenverwalter.

Bei den nachgeordneten Verkäuferinnen galt er wegen seines bestimmten, aber immer freundlichen Wesens und seiner Hilfsbereitschaft als Vorbild. Er besitzt organisatorisches Können und die Fähigkeit, Mitarbeiter erfolgreich zu führen.

Bei der Kundschaft war Herr Elste durch sein höfliches und korrektes Verhalten beliebt.

Während seiner Tätigkeit bei uns trug Herr Elste stets korrekte Dienstkleidung. Sein Verhalten gegenüber Vorgesetzten und Mitarbeitern war immer einwandfrei.

Herr Elste scheidet auf eigenen Wunsch bei uns aus. Für seine Zukunft wünschen wir ihm alles Gute.

Datum
Unterschrift

Ein sehr gutes Zeugnis. Die Formulierungen in der Leistungsbeurteilung sind konkret und eindeutig positiv. Auch seine Führungseigenschaften als Vorgesetzter klingen glaubwürdig und klar. Bei ihm verbinden sich offenbar Freundlichkeit und Autorität zu einem von den Mitarbeitern akzeptierten Führungsstil. Der Hinweis auf die eigentlich selbstverständliche, korrekte Dienstkleidung ist etwas kryptisch. Ein Dank für die geleistete Arbeit könnte das Zeugnis noch verbessern.

Kaufmännische Berufe – Beispiel 5

ZEUGNIS

Frau Daniela Knipphals, geboren am 4. September 1961, war in der Zeit vom 1. April 1997 bis 31. März 2000 in der Business-Management-Abteilung unseres Unternehmens als Händlerberaterin tätig.

Ihre Aufgabe bestand darin, die Händlerschaft unseres Hauses in einem geographischen Bereich auf betriebswirtschaftlicher Basis zu beraten. Diese Beratungstätigkeit erstreckte sich auf die gemeinsame Erarbeitung von Lösungsmöglichkeiten zu Fragen des organisatorischen Aufbaus des Händlerbetriebes, die Erstellung von Bilanz-Analysen, die Erarbeitung von Betriebs-Vergleichen auf Bilanzzahlen-Basis und den vom Händlerberater zu erstellenden Ist-Aufnahmen. Daneben gehörte es zu den Aufgaben der Händlerberaterin, in den Händlerbetrieben eine permanente Schwachstellenkontrolle in organisatorischer und betriebswirtschaftlicher Hinsicht durchzuführen.

Frau Knipphals hat die ihr übertragenen Aufgaben stets zu unserer Zufriedenheit durchgeführt. Es gelang ihr, sich in Besonderheiten der Branche schnell einzuarbeiten, wobei ihr ihre wache Intelligenz sehr zustatten kam.

Wir können Frau Knipphals bescheinigen, dass ihr Arbeitsinteresse, ihre Einsatzbereitschaft, Zuverlässigkeit und Selbstständigkeit wie auch ihr Verantwortungs- und Kostenbewusstsein als überdurchschnittlich bezeichnet werden müssen.

ZEUGNISBEISPIELE

> Frau Knipphals hatte sehr gute Kontakte zu unseren Geschäftspartnern, ihren Vorgesetzten und Kollegen. Ihr dienstliches und außerdienstliches Verhalten war stets ohne jeden Tadel.
>
> Frau Knipphals verlässt uns auf eigenen Wunsch.
>
> Wir bedauern ihren Weggang und wünschen ihr einen weiterhin erfolgreichen Berufs- und Lebensweg.
>
> Datum
> Unterschrift

Die lange Aufgabenbeschreibung im Verhältnis zur relativ kurzen Leistungsbewertung macht stutzig. Obwohl die Aufgaben von Frau Knipphals zur Zufriedenheit des Unternehmens erledigt wurden und ihr auch sonst positive Arbeitseigenschaften bescheinigt werden, hört man aus diesem Zeugnis Kritik heraus. Vermutlich war sie zu kritisch und wollte häufiger ihren eigenen Kopf durchsetzen. Das mag man positiv oder negativ finden, der Zeugnisaussteller jedenfalls hätte sich an diesem Punkt ein anderes Verhalten von Frau Knipphals gewünscht. Doch der Schluss mit den besten Wünschen deutet insgesamt auf ein gutes Klima hin. Note: befriedigend.

Kaufmännische Berufe – Beispiel 6

ZEUGNIS

Frau Christiane Kosak, geboren am 12. März 1965, war in der Zeit vom 1. Oktober 1991 bis zum 30. September 1999 in unserem Unternehmen zunächst als Stenotypistin und später als Chefsekretärin tätig.

Während ihrer achtjährigen Tätigkeit in unserem Unternehmen hat sich Frau Kosak von der Absolventin einer Handelsschule bis zur Chefsekretärin hochgearbeitet. In Kurzschrift und Maschineschreiben verfügt Frau Kosak über sehr gute Fähigkeiten, ihre Deutschkenntnisse sind ausgezeichnet. Sie beherrscht auch die englische und französische Sprache in Wort und Schrift. Unseren Schriftverkehr erledigte sie nach Stichworten, zum großen Teil sogar völlig selbstständig.

Frau Kosak hat sich ein umfangreiches Fachwissen auf dem Gebiet der Textverarbeitung angeeignet. Sie besitzt in jeder Hinsicht alle Fähigkeiten und Kenntnisse, um den Posten einer Chefsekretärin zur vollsten Zufriedenheit ihrer Vorgesetzten auszufüllen.

Frau Kosak wurde im Laufe der Jahre wegen ihrer raschen Auffassungsgabe und ihrer vielseitigen Interessen an allen geschäftlichen Vorgängen mit der Übernahme der Lohnabrechnung, der Kalkulation, dem Mahn- und Klagewesen und dem täglichen Schriftverkehr betraut. Ferner erledigte sie den Zahlungsverkehr mit Lieferanten und Behörden immer pünktlich und selbstständig.

Sie besaß das volle Vertrauen der Geschäftsleitung und unserer Mitarbeiter. Besonders hervorheben möchten wir noch die freundliche, aber bestimmte Art, mit der Frau Kosak Vorgesetzten, Mitarbeitern und Kunden gegenübertrat. Sie hat sich überall Anerkennung erworben.

Wegen eines Wohnortwechsels scheidet Frau Kosak auf eigenen Wunsch aus unserem Unternehmen aus. Wir bedauern diesen Entschluss sehr, denn wir verlieren eine unserer besten Mitarbeiterinnen, die allen wegen ihrer Hilfsbereitschaft, ihres persönlichen Einsatzes und ihrer Zuverlässigkeit immer ein Vorbild war.

> Für ihren weiteren Berufs- und Lebensweg wünschen wir Frau Kosak alles Gute, viel Glück und Erfolg.
>
> Datum
> Unterschrift

Ein durchweg gutes bis sehr gutes Zeugnis, bis dahin, dass Frau Kosak „das volle Vertrauen der Geschäftsleitung" bescheinigt wird. Dies ist für Chefsekretärinnen eine unabdingbare Voraussetzung, um auch weiterhin in ihrem Tätigkeitsfeld arbeiten zu können. Etwas ungeschickt ist die Formulierung „… besitzt alle Fähigkeiten und Kenntnisse …" Ein spitzfindiger Leser könnte daraus schließen, dass Frau Kosak zwar die Fähigkeiten besitzt, sie aber nicht immer eingesetzt hat. Im Gesamtzusammenhang der überaus positiven Bewertung ist diese Interpretation jedoch unangebracht.

Kaufmännische Berufe – Beispiel 7

ZEUGNIS

Herr Holger Fink, geboren am 7. März 1965, war vom 31. März 1987 bis zum 30. September 2000 Rechnungsprüfer in unserem Hause.

Mit Eifer und Geschick arbeitete er sich zunächst in die ihm neue Problematik ein.

Die ihm übertragenen Aufgaben wurden von ihm fachlich und menschlich mit großem Ernst und besonderer Sorgfalt durchgeführt.

Er war ein angenehmer Kollege, dessen Verhalten zu Beanstandungen niemals Anlass gab.

Herr Fink verlässt uns auf eigenen Wunsch.

Datum
Unterschrift

Auf den ersten Blick nicht leicht zu durchschauen, ist dieses Zeugnis doch negativ. Zwar werden Herrn Finks menschliche Eigenschaften hervorgehoben. Aber fachlich wird nichts gesagt. Ihm wird bescheinigt, er habe seine Aufgaben „mit großem Ernst und besonderer Sorgfalt durchgeführt", kein Wort über Erfolg. Angesichts der langen Zeit, die Herr Fink in dem Unternehmen tätig war, ein kurzes, nichts sagendes Zeugnis. Note: mangelhaft.

Kaufmännische Berufe – Beispiel 8

ZEUGNIS

Frau Gabriele Lohmeier, geboren am 17. Mai 1968, war vom 1. Mai 1994 bis zum 30. Juni 1999 als Stenosekretärin in unserer Geschäftsstelle in Mainz beschäftigt.

Zu ihrem Aufgabengebiet gehörte die selbstständige Erledigung und Verteilung des Postein- und -ausgangs, die Führung eines umfangreichen Terminkalenders für den Geschäftsführer und die Außendienstmitarbeiter, die Organisation und Verwaltung sowie die Abrechnung von Theaterkarten, die Erledigung einer zum Teil recht komplizierten Korrespondenz mit Mitgliedern, Organisationen, Firmen, Verwaltungen und Gerichten nach Diktat.

Die Fach- und Sachkenntnis, die Qualität und Quantität der Arbeit lagen weit über dem Durchschnitt, Frau Lohmeiers Auffassungsgabe und ihr Urteilsvermögen waren sehr gut. In der Arbeitsplanung entwickelte sie Fähigkeiten, auch ungewohnte Situationen gut zu meistern. Im Umgang mit Mitgliedern, Mitarbeitern und Vorgesetzten zeigte sie Verständnis, anerkannte Überzeugungskraft und motivierendes Verhalten.

Frau Lohmeier verlässt uns auf eigenen Wunsch, um sich künftig ausschließlich ihrer Familie zu widmen. Wir wünschen unserer vorbildlichen Mitarbeiterin alles Gute.

Datum
Unterschrift

Ein gutes bis sehr gutes Zeugnis, das der Mitarbeiterin über den Durchschnitt hinausgehende Fähigkeiten in ihrer Arbeit bescheinigt.

Kaufmännische Berufe – Beispiel 9

ZEUGNIS

Herr Steffen Kowalski, geboren am 14. April 1971, war seit dem 1. Oktober 1991 in unserer Firma als Verkäufer beschäftigt.

Zu seinem Aufgabenbereich zählte insbesondere die Abteilung „Surf and Sailing" mit einer breiten Palette von entsprechendem Zubehör sowie Do-it-yourself-Artikeln.

Herr Kowalski erfüllte die gestellten Aufgaben zu unserer vollsten Zufriedenheit und zeigte insbesondere bei der Beratung der Kundschaft sehr viel Geschick und hervorragende Sachkenntnis.

Herr Kowalski verlässt uns am heutigen Tag auf eigenen Wunsch, um sich seinem Studium an der Universität München zu widmen.

Wir bedauern sein Ausscheiden außerordentlich und wünschen ihm zukünftig alles Gute.

Datum
Unterschrift

Ein sehr gutes Zeugnis, das Herr Kowalski nach seinem Studium bei Bewerbungen für höher qualifizierte Tätigkeiten ohne Bedenken vorlegen kann.

Kaufmännische Berufe – Beispiel 10

ZEUGNIS

Herr Eberhard Deutling, geboren am 21. Februar 1968, war vom 1. Dezember 1994 bis zum 31. Dezember 1999 als kaufmännischer Angestellter bei uns tätig.

Wir übertrugen ihm die Erledigung allgemeiner Schreibarbeiten im Bereich unserer Exportabteilung.

Herr Deutling hat sich mit großem Eifer an diese Aufgaben herangemacht und war erfolgreich. Wegen seiner Pünktlichkeit war er stets ein gutes Vorbild.

Wir bestätigen gern, dass Herr Deutling für die Belange der Belegschaft stets Einfühlungsvermögen bewies. Auch sein Verhalten gegenüber Vorgesetzten war höflich und korrekt.

Das Arbeitsverhältnis mit Herrn Deutling wird in gegenseitigem Einvernehmen beendet. Für die Zukunft wünschen wir ihm alles Gute.

Datum
Unterschrift

Schlechter geht es kaum. Nach der Formulierung „... hat sich mit großem Eifer an diese Aufgaben herangemacht" – kein Wort über die Erledigung dieser Aufgaben – wirkt die Aussage, Herr Deutling sei erfolgreich gewesen, wenig glaubhaft. Der Hinweis auf die selbstverständliche Pünktlichkeit ist eher peinlich – sonst hatte er wohl nicht viel zu bieten. Herrn Deutling wird weiter bescheinigt, er habe „für die Belange der Belegschaft stets Einfühlungsvermögen bewiesen" – man kann auch sagen: Er hat den Frauen nachgestellt. Dass sich Unternehmen und Mitarbeiter in gegenseitigem Einvernehmen trennen, spricht nicht gerade für ein gutes Arbeitsverhältnis.

Zeugnisbeispiele für sonstige Berufe

Sonstige Berufe – Beispiel 1

ZEUGNIS

Herr Rainer Lorenz, geboren am 13. 10. 1963, war in unserem Unternehmen vom 15. 10. 1986 bis zum 30. 09. 1999 als IT-Fachmann und Anwendungsentwickler für kommerzielle und organisatorische Software tätig.

Herr Lorenz hat sich im Laufe seiner langjährigen Firmenzugehörigkeit als außerordentlich geschätzter und kompetenter Fachmann erwiesen, der eine wichtige Schlüsselfunktion innerhalb des IT-Bereiches einnahm.

Die von ihm wahrgenommenen Aufgabenstellungen sind äußerst vielseitig und von hohem Anforderungsprofil und umfassten im Einzelnen:

- Softwareerstellung: Systemanalyse, Entwurf, Realisierung, Test, Dokumentation, Inbetriebnahme sowie Wartung datenbankgestützter kommerzieller und organisatorischer Applikations-Software für Pleitner Personalinformations- und Planungssystem,
- Controlling-System mit Stunden- und Kostenauswertung sowie Personaleinsatzplanung,
- Projektstrukturplanung,
- De-Briefing (Verwaltung/Recherche wieder verwertbaren Wissens),
- Rechnungsstellung,
- Verkaufsunterstützung wie Angebotsverwaltung, Lebenslauferstellung, Referenzlisten,
- Zeichnungsverwaltung,
- Messstellenverwaltung,
- Lieferantenverzeichnis für Kraftwerkskomponenten,
- Verwaltung von KKS (Kraftwerks-Kennzeichnungs-System),
- Bibliotheksverwaltung und -recherche,
- Betreuung der Finanzbuchhaltung mit Realisierung der Integration ins Controlling,
- Systemanalyse und Entwurf des Dokumenten-Verwaltungs-Systems Version 1 (unter MS-DOS) und 2 (unter MS-Windows und ausfallsicherem Oracle-Datenbank-Server),

- Bürokommunikation unter OpenVMS mit ALL-IN-1,
- Design von Datenbanken für das RDBMS Supra/RDM von Cincom-Systems,
- Systemadministration VMS- und Unix-Systeme, Systemintegration von VMS-, Unix-, Netware-, MS-DOS-, MS-Windows 3.x-Systemen mit den Netzwerkprotokollen DECnet, TCP/IP, IPX; Task-to-Task-Kommunikation via Sockets von OpenVMS zu Unix,
- systemübergreifende Drucker-Ansteuerung,
- Test zur Migration von VMS-Anwendungen auf die Anwendungsoberfläche HTML mit dem Einsatz eines WWW-Servers unter VMS,
- Konzept zur Anbindung von Außenstellen an das Stammhaus,
- Auswahl und Einführung eines Zeiterfassungssystems inklusive Ankopplung an das Controlling-System,
- DV-Projekte für mehrere Kunden, z. B. Einführung DV-gestützter Verfahren zur rationellen Auftragsabwicklung,
- Realisierung eines DV-Systems zur Unterstützung der Entwicklungsplanung,
- Aufbau eines DV-gestützten Betriebsführungssystems,
- Einführung von Qualitätssicherungs-, Informations- und EDV-Systemen zur übergeordneten Steuerung und Kontrolle zur Unterstützung der betrieblichen Aufgaben.

Herrn Lorenz zeichneten sein hoher Sachverstand und seine fundierte Fachkompetenz in seinem Aufgabenbereich aus. Als besondere Kenntnisse sind hervorzuheben:

- hervorragende Kenntnisse in der Softwareerstellung mit Cobol, Mantis (4GL), Script-Sprachen, den Maskensystemen FMS und pform sowie dem RDBMS Supra/RDM unter dem Betriebssystem OpenVMS,
- gute Kenntnisse in C und Fortran,
- profunde Kenntnisse in RDBMS Supra/RDM,
- sehr gute Kenntnisse in TeX/LaTeX zur Erstellung von Dokumentationen,
- umfassendes, teilweise sehr tief gehendes System-Verständnis und -Wissen in OpenVMS, Unix, Netware, MS-DOS, MS-Windows, X-Windows, Vernetzung mit DECnet, TCP/IP, IPX und Client-Server-Architekturen.

Herr Lorenz hat die Entwicklung des Bereiches entscheidend mitgeprägt und einen wesentlichen Beitrag zu dem hohen Standard und dem Ansehen sowie der Leistungsbreite des Bereiches geleistet.

In Anerkennung seiner hohen fachlichen Qualifikation und seiner Befähigung zur Führung von Mitarbeitern wurde Herr Lorenz im Jahre 1988 zum Gruppenleiter ernannt.

Bei der Lösung seiner Problemstellungen ging Herr Lorenz sehr gezielt und systematisch vor und setzte erforderliche Maßnahmen eigenständig, mit hoher Effizienz und rascher Wirksamkeit in DV-Programme um.

Seine verantwortungsvolle und gewissenhafte Arbeitsweise sowie seine hohe Zuverlässigkeit gewährleisteten stets eine einwandfreie Ausführung seiner Arbeiten, die unsere uneingeschränkte und vollste Zufriedenheit fanden.

Seine hohe Belastbarkeit und sein großes Engagement sind ebenso hervorzuheben wie sein sehr gutes Kommunikationsvermögen gegenüber fachkundigen Anwendern und externen Spezialisten.

Herr Lorenz wurde als hilfsbereiter und kooperativer Mitarbeiter sowohl von Vorgesetzten als auch im Kollegenkreis geschätzt.

Sein Verhalten war stets einwandfrei.

Herr Lorenz scheidet auf eigenen Wunsch aus unserem Unternehmen aus, was wir bedauern. Für seinen weiteren Berufs- und Lebensweg wünschen wir ihm alles Gute.

Datum
Unterschrift

Ein fast schon zu gutes Arbeitszeugnis. Die umfangreiche Liste der Tätigkeiten sowie die ausführliche Darstellung der Fähigkeiten des Mitarbeiters kann auch dazu führen, dass künftige Arbeitgeber Herrn Lorenz als Angeber einschätzen. Allerdings wirkt der Text glaubwürdig und deshalb kann dieses Zeugnis nur eines bedeuten: Note eins.

Sonstige Berufe – Beispiel 2

ZEUGNIS

Herr Hans Meiser, geboren am 19. 05. 1974, war als studentische Hilfskraft vom 07. 11. 1997 bis 14. 07. 2000 in der Bereichsbibliothek im Bibliotheks- und Informationswesen der Fachhochschulbibliothek Köln beschäftigt (ehemals Bibliothek der Fachhochschule für Bibliotheks- und Dokumentationswesen). Er wurde dort mit einer Arbeitszeit von 10 Stunden wöchentlich eingesetzt.

Die Fachhochschulbibliothek Köln ist mit einem Bestand von über 350.000 Bänden und ca. 400.000 Ausleihen die größte Hochschulbibliothek dieser Art in der Bundesrepublik Deutschland. Seit Übernahme der Fachhochschule für Bibliotheks- und Dokumentationswesen in die Fachhochschule Köln 1995 wird die Bereichsbibliothek mit ihren ca. 60.000 Bänden reorganisiert und in die Fachhochschulbibliothek integriert. Die Bestände werden umsystematisiert, um sie über OPAC und automatisierte Ausleihe zugänglich zu machen.

Zu Herrn Meisers Aufgaben gehörten:

- Ordnungsarbeiten (Einlegen von Loseblattausgaben und Mikrofiches, Ordnen und Rückstellen von Büchern, Zeitschriften usw.),
- Erstellen von Aushängen, Regalbeschilderungen und sonstigen Schriftstücken am PC,
- Eingabe der Titel von am Fachbereich Bibliotheks- und Informationswesen erstellten Diplomarbeiten,
- Ziehen von Titelkarten aus dem alphabetischen und systematischen Standortkatalog (Preußische Instruktionen) als Vorbereitung für die notwendigen Umsystematisierungen,
- Umbau von Regalen und Räumen von Beständen,
- Bearbeiten umsignierter Bestände (Bekleben mit Signaturschildern, Abgleich mit gezogenen Titelkarten usw.),
- ein Jahr täglicher Abenddienst mit Auskunfts- und Informationsdienst.

Herr Meiser hat alle ihm übertragenen Arbeiten mit Einsatzbereitschaft und sehr großem Sachverstand zu unserer vollsten Zufriedenheit ausgeführt und sich darüber hinaus sehr selbstständig für die Belange der Bibliothek eingesetzt.

> Für sein weiteres Studium und seinen beruflichen Werdegang wünschen wir ihm alles Gute und viel Erfolg.
>
> Datum
> Unterschrift

In diesem Zeugnis, das für eine studentische Hilfskraft ausgestellt ist, sind einige Ungereimtheiten enthalten. So werden viele Arbeiten aufgeführt, die keine besonderen Fähigkeiten voraussetzen. Die Formulierung, dass die Arbeiten „zur vollsten Zufriedenheit" ausgeführt wurden, ist in einem solchen Zusammenhang relativ wenig aussagekräftig. Das Zeugnis signalisiert wohl eher die Note befriedigend bis ausreichend.

Sonstige Berufe – Beispiel 3

ZEUGNIS

Herr Thomas Kreutzer, geboren am 18. März 1972, war in der Zeit von 1. Juni 1998 bis 31. Mai 1999 in unserer Registratur tätig. Das Arbeitsverhältnis war befristet und diente zur Bewältigung verschiedener Sonderarbeiten.

Zu seinen Aufgaben gehörten schwerpunktmäßig:

- Bearbeitung von Aktenanforderungen der Sachbearbeiter oder sonstiger Stellen im Hause sowie Wiedereinordnung der Akten nach Erledigung des jeweiligen Vorgangs,
- Zuordnung von Kundenanschreiben und anderen Vorgängen in die jeweiligen Akten (teilweise mit EDV-Unterstützung) sowie Vorlage bei den Sachbearbeitern,
- Pflege und Neunummerierung der Akten aufgrund erfolgter EDV-Umstellung.

Herr Kreutzer hat sich schnell in die Materie eingearbeitet und erledigte alle ihm übertragenen Arbeiten zügig, engagiert und mit Umsicht zu unserer vollen Zufriedenheit. Sein Verhalten gegenüber Vorgesetzten war freundlich und hilfsbereit, sein Auftreten stets einwandfrei.

Wir danken Herrn Kreutzer für die geleistete Arbeit und wünschen ihm für seinen weiteren Berufsweg viel Erfolg.

Datum
Unterschrift

Ein gutes bis befriedigendes Zeugnis, das keine hervorragenden Qualitäten, wohl aber Zuverlässigkeit und Sorgfalt bescheinigt. Für ein befristetes Arbeitsverhältnis ist das akzeptabel.

Register

A

Abschlussformulierung 26, 31, 33, 39–41
Alkohol 44, 67, 74
Arbeitgeber 11–18, 21–27, 29–30, 38–40, 42, 50, 56, 62, 63, 100
Arbeitnehmer 9, 11, 12, 17–19, 22, 29, 66
Arbeitsbefähigung 27, 36–37
Arbeitsbereitschaft 27, 36–37
Arbeitsbescheinigung 19
Arbeitstempo 27
Arbeitsweise 18
Ausbildungseinrichtung 25
Ausscheidegrund 18, 26, 29–31, 33, 39, 42–43
Auszubildender 21

B

Beförderung 9, 18, 30
Befristung 29–30
Behinderung 42
Berufsbezeichnung 25

Beschäftigungsdauer 11, 17, 19, 21, 25
Betriebsrat 43
Bewerbung 9, 18, 28
Bewerbungsunterlagen 20, 22
Bewertung 14–16

D

Datum 19, 25, 26, 31, 39, 41
Delegation 43, 67, 73
Durchsetzungsfähigkeit 56

E

Eigeninitiative 36, 43, 73
Eigenverantwortung 18, 26
Endzeugnis 21, 22
Engagement 36, 37
Erfolg 18

F

Fehler 48, 50–55, 64
Formulierung 49, 52
Fortbildung 33

Freier Mitarbeiter   21
Führungsbeurteilung   70 – 72
Führungsbewertung   18, 26
Führungskompetenz   27
Führungsposition   57

G
Gehalt   41
Gesamtbewertung   18, 26, 29
Geschäftspartner   39
Gewerkschaft   67

H
Hemmschwelle   47
Hemmung   45, 46, 57, 61, 64, 65

J
Job-Typ   58 – 60

K
Kollege   18, 24, 28, 38, 45, 46, 49, 57, 60, 61, 64, 65, 70, 72, 73
Kommunikationsfähigkeit   38, 46, 50
Kontaktvermögen   38

Krankheit   30, 43
Kritik   24, 28, 49 – 50, 62, 64
Kritikfähigkeit   38
Kunde   38, 39, 70
Kündigung   22, 29, 39, 42
Kündigungsfrist   14
Kündigungsprozess   12, 40

L
Leiharbeiter   12
Leistung   9, 11, 21, 22, 27 – 29, 43, 45
Leistungsbeurteilung   17
Leistungsbewertung   68

O
Ordnung   58 – 59, 60, 64
Ortsangabe   19, 25, 26, 31

P
Probezeit   9, 12, 14, 22 – 23, 62, 63

Q
Qualifikation   11, 20, 24, 27, 37, 42, 44, 57, 75

R

Realistik 9–10, 15, 45, 49
Rechtliche Grundlagen 11–12

S

Schwächen 10, 12, 15, 24, 27, 45–55, 61–65
Selbstbewusstsein 47
Selbstbild 49
Selbsteinschätzung 10, 16, 28–29, 46, 52–56, 63–65
Selbstkritik 50
Selbstmanagement 54
Selbstvertrauen 43, 73
Sorgfalt 27
Sozialverhalten 28–29, 33, 38–39, 45, 57, 67
Stärken 10, 12, 16, 27, 45–60
Stress 59, 60, 64
Stresstoleranz 37, 57

T

Tarifvertrag 12
Tätigkeitsbeschreibung 17–18, 26, 56
Teamfähigkeit 38
Tod 43

U

Überschrift 17, 26
Untergebene 28, 38, 39, 65
Unterschrift 13, 19, 25, 26, 31, 44, 67

V

Verhaltensbeobachtung 27–29
Verhaltensbewertung 37–39
Versetzung 18
Vorgesetzter 9, 21, 27, 37, 38, 45, 71, 73, 74
Vorgesetztenposition 27

W

Weiterbildung 26, 28, 33, 37, 53

Z

Zeugnis 48
Zeugnis, einfaches 17, 22–25
Zeugnis, qualifiziertes 14, 22–23, 26–44
Zeugnisart 17–23

REGISTER

Zeugnisaufbau 24–31
Zeugnisaussteller 13–17
Zeugnisbeispiele 81–118
– gewerbliche Berufe
  93–100
– kaufmännische Berufe
  100–112
Zeugniscode 10, 34, 66–74

Zeugnisformulierung
  30, 52, 57, 61–63,
  66–80, 100
– berufstypische 75–79
Zusatzqualifikation 26, 28
Zwischenzeugnis 14, 81–87
– einfaches 19
– qualifiziertes 14, 20–21

Solo Steuern sparen!

Markus Kahr
Steuertipps für Singles
Alle Sparmöglichkeiten
für Ihr Steuersolo
160 Seiten
ISBN 3-635-**60698**-7

Niemand muss heiraten, um weniger Steuern zu zahlen. Auch für Ledige gibt es eine Reihe von Sparmöglichkeiten: steuergünstige Kapitalanlagen zum Beispiel oder Wohneigentum. Dieses Buch verrät Singles, Alleinerziehenden, Geschiedenen oder Verwitweten alle legalen Möglichkeiten, Steuern zu sparen. Kompakt, übersichtlich und fundiert erhalten Sie umfangreiche Informationen und viele praktische Tipps.

Die besten Tipps für steuergünstige Geldanlagen

Wolfgang Ludwig
Steuern sparen durch Geldanlagen
160 Seiten
ISBN 3-635-**60598**-0

Hohe Renditen erzielen – und möglichst geringe Abgaben ans Finanzamt, dass ist jedermanns Ziel. Deshalb ist es wichtig, bei der persönlichen Anlagestrategie den Ertrag „nach Steuern" im Blick zu halten. Dieser Ratgeber liefert Steuersparempfehlungen zu allen gängigen Kapitalanlagen: Festverzinsliche Anleihen, Aktien und Optionsscheine, Investmentfonds, Lebensversicherungen, Immobilien und Steuersparbeteiligungen. Außerdem erhalten Sie einen Überblick über europäische „Steueroasen".

So haben Sie mehr von Ihrem Gehalt

Bernhard Köstler
Netto mehr verdienen
Gehaltserhöhung durch
steuerfreie Extras
144 Seiten
ISBN 3-635-**60699**-5

Steuerfreie Extras nutzen beiden: Für den Arbeitnehmer erhöhen sie das Einkommen, dem Arbeitgeber ersparen sie Steuern und Sozialabgaben. Dieses Buch erklärt, wie das funktioniert und stellt alle Möglichkeiten vor, die finanzielle Vorteile bieten: Belegschaftsrabatte, Direktversicherung, Dienstwagen, Fahrtkostenersatz, Fortbildungskosten, Sachbezüge. Zu jedem Gehaltsextra liefert es Überzeugungshilfen für die Verhandlung mit dem Chef.

Private Kommunikation

Rembert von Samson
Reden für familiäre Anlässe
Mit Praxistipps und Rednerschule
144 Seiten, kartoniert
ISBN 3-8068-2759-1

Taufe, Hochzeit, runder Geburtstag, bestandene Prüfung oder Einzug ins neue Eigenheim – für Reden gibt es viele Anlässe. Mal sollen sie erheiternd sein, mal feierlich oder einfühlsam. Dieser Ratgeber bietet eine reiche Auswahl von Musterreden und gibt außerdem kurze und prägnante Tipps zur Vorbereitung.

Thomas Wieke
Kreativ schreiben: Gedichte
Eine praktische Vers- und Reimschule
Mit Reimlexikon
160 Seiten, kartoniert
ISBN 3-8068-2700-1

Die neue FALKEN Vers- und Reimschule hilft Gelegenheitsdichtern auf die Sprünge: mit einer Verslehre, mit schönen klassischen und modernen Beispielen, mit Anleitungen zur Ideenfindung und mit Übungen, die von Anfang an zu Resultaten führen.

Olaf Fuhrmann
Glückwunsch!
Texte und Ideen für alle privaten Anlässe
Mit Bastel- und Geschenkideen
Kurze Glückwünsche für Mail & Co.
160 Seiten, kartoniert
ISBN 3-8068-2758-3

Glückwünsche sind Herzenswünsche: Dieses Buch hilft, für den Glückwunsch die richtigen Worte zu finden. Es ist voller Anregungen und Anleitungen – in Prosa und Versform, als Rätsel oder in Kombination mit einer Geschenkidee, ob auf Papier oder per Mail. Eine wahre Fundgrube.

René und Lennart Zey
SMS Love Messages
80 Seiten, kartoniert
ISBN 3-635-60719-3

Das SMS-Fieber grassiert, vor allem unter Verliebten. Mit den Kurzbotschaften per Handy kann man in Sekundenschnelle für Küsse danken, an das letzte Date erinnern oder um Verzeihung bitten. Allen, denen die passenden Worte fehlen, liefert dieses Buch eine Riesenauswahl an Ideen und Anregungen. Es verrät Kniffe und Tricks und informiert über kostenlose SMS-Dienste.

Andy Haller, Jutta Gross
Internet-Guide für Frauen
Mode, Beauty, Shopping, Lifestyle,
Kunst & Kultur, Kreatives
120 Seiten, Broschur
ISBN 3-8068-2844-X

Ob shoppen oder chatten, berufliche Weiterbildung oder den nächsten Urlaub planen – das Internet macht's möglich. Wo? Das verrät dieser Pocket-Guide. Hier findet frau, was sie braucht, um sich im Netz wohlzufühlen: die besten Adressen, interessante Anlaufstellen und eine praktische Übersicht zum Auffinden wichtiger Inhalte im Web.

Andy Haller
Perfekte Reden für Gastgeber
128 Seiten, kartoniert
ISBN 3-8068-5502-1

Reden lernen: Dieses Praxisbuch hilft, mit Musterreden, Textbausteinen und Zitaten die richtigen Worte für Freunde oder Geschäftspartner zu finden. Ein paar launige oder gediegen-seriöse, in jedem Fall passende Worte tragen zum Gelingen jedes Festes bei.